EL CEREBRO ENAMORADO

JOSÉ RAMÓN ALONSO

EL CEREBRO ENAMORADO

Los mecanismos neuronales
del amor

✺ PAIDÓS

Obra editada en colaboración con Editorial Planeta - España

© 2022, José Ramón Alonso Peña

Diseño de portada: Planeta Arte & Diseño
Ilustración de portada: © Andrea de Santis

© 2022, Editorial Planeta, S. A. – Barcelona, España

Derechos reservados

© 2022, Ediciones Culturales Paidós, S.A. de C.V.
Bajo el sello editorial PAIDÓS M.R.
Avenida Presidente Masarik núm. 111,
Piso 2, Polanco V Sección, Miguel Hidalgo
C.P. 11560, Ciudad de México
www.planetadelibros.com.mx
www.paidos.com.mx

Primera edición impresa en España: enero de 2022
ISBN: 978-84-670-6464-3

Primera edición impresa en México: julio de 2022
ISBN: 978-607-569-316-3

Impreso en los talleres de Impresora Tauro, S.A. de C.V.
Av. Año de Juárez 343, colonia Granjas San Antonio, Ciudad de México
Impreso en México – *Printed in Mexico*

ÍNDICE

ÍNDICE

ÍNDICE

Presentación

Amo como ama el amor. No conozco otra
razón para amar que amarte. ¿Qué quieres que
te diga además de que te amo, si lo que quiero
decirte es que te amo?

Fernando Pessoa

El amor —y todo lo que entraña: el deseo, el sexo, el
vínculo, la ruptura o la pérdida— es una de las cosas más
importantes de nuestra vida. No en vano marca la diferencia entre ser feliz y no serlo, entre que nuestra vida
nos parezca rica y plena o nos sintamos en medio de un
naufragio, sin apenas fuerzas para luchar. El amor determina los momentos y las personas que nos abren el camino a la alegría o a la tristeza. Altera el curso de la historia, inspira las obras de arte más maravillosas, vertebra la
primera conjugación que aprendemos cuando estudiamos latín, ilumina y apaga vidas. También reporta millones de euros a los grandes almacenes, para qué negarlo;
¡si san Valentín levantara la cabeza!

Llevamos siglos dibujando corazoncitos para expresar nuestros sentimientos amorosos, pero ahora la neurociencia nos dice que el órgano del amor no es el corazón sino el cerebro. Sabemos que transmitimos amor
con la mirada, con las palabras, con el lenguaje corporal,

y resulta que todo ello está regido por las funciones cerebrales. Nos sorprendemos de lo que sentimos y de que una sola persona en el mundo provoque esas reacciones físicas que nos son tan familiares: rubor, latidos acelerados, manos sudorosas... Las responsables son nuestras neuronas, que fabrican una batería de sustancias químicas, un auténtico almacén de drogas; lanzan corrientes eléctricas en miles de direcciones, como un castillo de fuegos artificiales; hacen saltar una mezcla de chispas, activando hormonas, neurotransmisores y receptores proteicos que encierran lo más íntimo y genuino de nuestros sentimientos. Nuestro cerebro crea el amor, vive el amor, rige el amor. No olvidemos que cada uno de nosotros es su propio cerebro.

El amor ha sido un terreno privilegiado, casi exclusivo, de la literatura y el arte. La ciencia tiene muchísimo que decirnos en este ámbito, pero apenas le prestamos atención. Y, sin embargo, es nuestra principal herramienta para avanzar, una estrategia clave de conocimiento para comprender las cosas y explicar el mundo y a nosotros mismos. Cada vez sabemos más sobre el amor. La ciencia nos ayuda a entenderlo, a saber por qué nos enamoramos, a cuidar el amor que tenemos y a reavivar una relación. No parece mal negocio a cambio de leer este libro.

Vamos a descifrar qué es el amor. Estamos convencidos de que eso no le quita un ápice de magia, sino que lo vuelve más comprensible y pone la realidad de nuestro lado. Las técnicas de neuroimagen nos permiten ver el cerebro enamorado; la neurofarmacología, tratar el mal de amores; la neurofisiología, estimular las neuronas implicadas y quizá reforzar el amor saludable y desactivar el amor patológico; la combinación del análisis del comportamiento y el análisis bioquímico, comprender las distintas etapas de atracción, deseo, romance, amor, sexo, vínculo y ruptura o pérdida. ¿Acaso no es eso la vida?

Ya no tiene sentido la falsa dicotomía entre cuerpo y mente. El cuerpo enamorado produce una mente enamorada y lleva esa pasión a todas las células. El cerebro enamorado hace que la piel se vuelva más suave y los ojos más brillantes, que los receptores de los dedos y los labios pidan tocar y besar, y que busquemos algo mucho más allá del contacto físico: una unión corporal y espiritual plena; hacer de los dos, uno.

Hablaremos del amor, de qué es y cómo surge, de cuántos tipos hay, de si somos la única especie capaz de amar, de si el amor a la pareja es comparable al amor a los hijos, a la patria o a Dios; hablaremos del sexo como expresión del amor, de por qué algunos amores son fugaces y otros son eternos, de por qué nos enamoramos de una persona concreta y qué es lo que nos atrae de ella, de si existe el amor a primera vista, de cómo enamorar, de cómo vivir el amor sin perder nada de su poder y sorteando sus trampas. Hablaremos también de los procesos patológicos asociados al amor, que alteran la vida de quienes los sufren —y que, por tanto, deben tratarse como una enfermedad—, del amor como adicción, de los celos y el mal de amores.

Este libro se basa en la idea de que sin amor nuestra vida no tendría sentido, pues estamos programados para encontrar a una persona, establecer vínculos con ella e intentar tener una vida juntos. El amor es la piedra angular de la familia, la amistad y la vida personal y social. Somos lo que somos porque amamos.

La ciencia del amor

El amor es paciente, es bondadoso. El amor no es envidioso ni jactancioso ni orgulloso. No se comporta con rudeza, no es egoísta, no se enoja fácilmente, no guarda rencor. El amor no se deleita en la maldad, sino que se regocija con la verdad. Todo lo disculpa, todo lo cree, todo lo espera, todo lo soporta.

San Pablo, *Primera Carta
a los Corintios* 13, 4-7

El origen del amor

El amor no deja restos que fosilicen como ocurre con muchos otros vestigios de nuestro pasado. Para conocer su origen, disponemos de dos fuentes principales de información: por un lado, el comportamiento de los seres humanos actuales (con un ojo puesto en los grupos culturales más primitivos, los cazadores-recolectores) y, por otro, el de nuestros parientes más cercanos, los simios. Si un chimpancé o un gorila hicieran una tesis doctoral sobre nosotros, les pareceríamos de lo más extraños. No solo somos unos primates cabezones y sin apenas pelo, sino que nuestras relaciones de pareja son extremadamente raras. Explorémoslas un poco.

Nuestras relaciones amorosas y sexuales son llamativamente distintas a las de los demás primates. Las mujeres están siempre receptivas, mientras que en la mayoría de las especies las hembras atraviesan épocas de celo seguidas de otras en las que rechazan, a veces

15

de forma agresiva, los acercamientos del macho. Otra diferencia es que las épocas fértiles de una mujer están ocultas. En otras especies se anuncian con el enrojecimiento e hinchazón de los genitales, una auténtica llamada a la cópula. Sin embargo, entre las hembras humanas, hasta que la tecnología acudió en nuestra ayuda desconocíamos los días del mes en los que la probabilidad de engendrar es más alta. ¿Qué ventajas tenía esta situación? Se supone que de esta manera las mujeres consiguieron un mayor control sobre los hombres, porque al no ser visibles las señales de los días fértiles, la paternidad se hizo más incierta: el padre podía ser cualquier macho con el que la mujer hubiera tenido sexo ese mes. El hombre era necesario para alimentar a la familia y cuidar de ella en el largo período de la crianza, y aquel que estaba en contacto con la hembra tendía a pensar que era el padre del recién nacido, aunque no fuera así. El hecho es que se formaron parejas en las que el hombre y la mujer compartían los cuidados parentales, y el establecimiento de unos vínculos estables con una única persona, la monogamia, se convirtió en la norma. Quizá fue ese el origen del amor.

Otra diferencia es que somos el único primate monógamo que vive en amplios grupos donde los machos y las hembras se mezclan en gran número. Decenas e incluso cientos de personas en edad reproductiva comparten un aula universitaria, la platea de un cine, una sala de conciertos, reunidas en unos pocos metros cuadrados. Algo impensable en orangutanes, gorilas o chimpancés, pues la tensión y las peleas estarían a la orden del día. Pero quizá lo más curioso de todo sea lo que ha dado en llamarse «copulación clandestina», es decir, el pudor que nos incita a tener sexo solo en privado. Ninguno de nuestros parientes cercanos tiene problema alguno en hacerlo en presencia de otros animales. Esa timidez humana para el apareamiento no es particular de una etnia o una moralidad concretas, sino que se extiende a todos los continentes y culturas. Muy pocos grupos humanos celebran rituales con sexo en público. Solo ocurre cuando se ingiere alcohol, pero porque desinhibe, y este no debía de ser abundante antes de que la agricultura nos proporcionara fruta y granos de cereal en cantidades suficientes para su fermentación. De modo que entre los humanos la sexualidad en privado es la norma, y parece que es así desde hace milenios, mientras que el amor es público y a menudo incluso hacemos ostentación de él: desde los caballeros medievales que marchaban a las cruzadas llevando en el brazo una cinta con los colores de su amada hasta los ilustrados que encargaban un retrato en miniatura de su amor para que los acompañara a todas partes, pasando por nuestros abuelos, que intercambiaban fotografías o un rizo del cabello y los colocaban en un guardapelo para tenerlos cerca del corazón.

Si estudiamos el comportamiento de los primates, observamos que la sexualidad a escondidas sucede en grupos donde hay una fuerte competición entre los machos, que controlan el sexo manteniendo bajo vigilancia a las hembras. Entre los orangutanes, el macho alfa tiene sexo con sus hembras de forma abierta, pero los machos subordinados, al carecer de una posición jerárquica tan elevada, lo hacen con total discreción, hasta el punto de que ningún científico reparó en que existían esas relaciones clandestinas hasta que el análisis genético puso de manifiesto que el macho alfa no era el padre de todas las crías del grupo en un período determinado. La situación es similar entre los gorilas: cierto macho disfruta de un harén de hembras, y luego hay algunos miembros jóvenes deambulando por los alrededores. Si el dueño del harén se descuida, alguno de ellos puede tener éxito con alguna de las hembras. En cambio, en los bonobos, una especie muy parecida a la de los chimpancés, las hembras son las que dirigen el cotarro, y entonces el sexo es público, directo, fácil; entre estos primates no se ha visto nunca nada semejante a la privacidad.

La política sexual de los humanos se ha ido complicando cada vez más con el paso del tiempo. Si hemos dicho que la monogamia se convirtió en la norma, la infidelidad entre parejas que formaban parte de un grupo más grande, la tribu, se volvió más arriesgada. Si el macho sentía que había sido engañado, que se esforzaba en traer comida a un retoño que no era suyo, se corría el mayor peligro: el riesgo de infanticidio. Por tanto, era imprescindible reforzar el vínculo de pareja. Muchos investigadores piensan que por eso el amor fue adquiriendo un papel cada vez más preponderante en nuestras vidas, y que ahí reside el origen de la intimidad, la cotidianidad compartida o la crianza solidaria de las crías. El sexo clandestino tiene sus ventajas y sus inconvenientes: por un lado refuerza la relación de pareja, pero por otro facilita la infidelidad. Somos socialmente monógamos, pero no sexualmente monógamos. La infidelidad está ampliamente presente en todas las culturas, y el sexo privado permite que suceda sin perder la reputación.

Otro rasgo muy humano, la envidia, también puede jugar un papel relevante. Nos apasiona el sexo, por lo que es mejor disfrutarlo con cautela para no despertar la envidia de los otros, para evitar la competencia y, con ello, la agresión. Según Steven Pinker, es la misma razón por la que durante una hambruna lo más probable es que alguien que tenga algo de comida la consuma a escondidas. Un acto sexual público, incluso con el consentimiento de todas las partes, conlleva el riesgo de molestar a alguien, de que surja un competidor, de causar el rechazo de otras posibles parejas, de generar tensiones dentro del grupo, ya que los padres o miembros jerárquicamente poderosos podrían estar en contra de esa relación.

Podemos pensar en el amor como un proceso de decenas de miles de años. La necesidad de los humanos de cuidar y educar a sus crías durante un largo período llevó a la monogamia y a la formación de familias estables; la familia estable requería un vínculo, que fue sellado con el deseo y el amor; el amor propició una relación duradera y solidaria, lo que a su vez impulsó el fortalecimiento de la familia y, como efecto secundario, la monogamia y el sexo a escondidas (aunque sin descartar episodios de infidelidad). El amor, convertido en eje de la sociedad humana, influye en la economía, la política y la religión. Una forma de definirnos sería decir que somos primates enamorados.

Amor y soledad

Pero ¿qué pasa en la actualidad? Necesitamos amor más que nunca, quizá porque nunca hemos estado tan solos. La soledad se describe como un dolor social, un mecanismo psicológico, una inquietud o incomodidad que empuja a las personas a buscar conexiones interpersonales, a socializar, a vivir en compañía. A menudo la soledad se asocia con una falta de comunicación, pero es una emoción subjetiva, por lo que uno puede sentirse solo incluso cuando está rodeado de otras personas. Las causas de la soledad son diversas e incluyen factores sociales, mentales, emocionales y ambientales.

La soledad se encuentra en todo tipo de individuos, incluso en aquellos que están casados o mantienen relaciones estrechas y estables, también entre los que gozan de carreras profesionales exitosas, una buena posición y una situación económica holgada. La mayoría de las personas experimentamos la soledad en algún momento de nuestra vida, pero algunas la sienten a menudo o en períodos muy prolongados. Como emoción a corto plazo, la soledad incluso puede resultar beneficiosa: nos incita a buscar compañía y acudimos a amigos y familiares, reparamos o consolidamos los lazos dañados, y eso fortalece nuestras relaciones. La soledad crónica, sin embargo, se considera perjudicial; numerosos estudios concluyen que es un importante factor de riesgo para la salud mental y física. La carencia de relaciones es tan mortal como el tabaquismo, el alcoholismo o la obesidad. Sentirse solo acorta la vida.

La Encuesta social general es un cuestionario sociológico creado y revisado regularmente desde 1972 por el Centro Nacional de Investigación de Opinión de la Universidad de Chicago. En ella se pregunta a la gente el número de confidentes que tiene, es decir, con cuántas personas comparte su intimidad y se desahoga. En la encuesta de 1985, la respuesta más común fue tres. En la del 2004, cero. Según el neurocientífico y psicólogo John Cacioppo, ya fallecido, un 20 % de las personas (lo que en España equivaldría a unos 10 millones) experimentan la soledad en algún momento de su vida hasta el punto de constituir una fuente de infelicidad. Solemos asociar este problema con los ancianos, pero en la encuesta del 2004 el porcentaje de individuos que se sentían solos en la franja de edad de los 45 a los 49 años (43 %) superaba con creces al de los mayores de 70 años (25 %). Al mismo tiempo, los casos de depresión no paran de aumentar. En su libro *Florecer: la nueva psicología positiva y la búsqueda del bienestar* (2011), Martin E. P. Seligman indica que, según algunas estimaciones, la depresión es 10 veces más común en la actualidad que hace medio siglo.

Mucha gente que se siente deprimida piensa que el amor podría ser la solución. Una encuesta realizada con motivo del día de San Valentín mostraba que la mayor parte de las personas casadas o con pareja estable consideraban que su compañero era su principal fuente de felicidad, y que la mitad de los solteros buscaban pareja y sostenían que encontrar a esa persona especial a quien amar contribuiría enormemente a su felicidad. Así pues, la mayoría, ya se trate de personas con pareja o solteras, cree que la soledad y la infelicidad se combaten con el amor.

AMOR Y CEREBRO

Los científicos discutimos sobre la naturaleza del amor. No sabemos si es común a otras especies: ¿es amor la adoración con la que me mira mi perro? Y el elefante que se pasa días sin probar bocado junto al cadáver de otro elefante, asesinado por un cazador furtivo para arrebatarle los colmillos, ¿amaba a su congénere? Tampoco estamos seguros de dónde empieza y termina el amor: muchos hombres que han matado a su pareja o a sus hijos afirman que lo han hecho por amor, pero ¿puede haber amor en la ciénaga de la maldad?

Según las *Elegías completas y testamento de John Donne*, escrito en el siglo XVII: «Aceptar lazos tales es ser libre». El deseo es libre en el sentido de que nace de uno mismo, no de ninguna fuerza externa o del deseo de otra persona. Se es libre cuando uno toma sus propias decisiones y sigue sus preferencias. El problema en el amor es que uno no puede decidir lo que quiere tanto como cree. No se puede amar a alguien que no nos resulta atractivo, de la misma manera que no se puede creer algo que a todas luces es falso. Al final nuestra forma de ser determina nuestras preferencias y nuestros deseos, y esa individualidad está codificada en nuestros genes y moldeada por nuestras experiencias. No tenemos ningún poder sobre los genes que recibimos y prácticamente ninguno sobre el modo en que somos criados y educados. Pero nuestros deseos nos pertenecen, y si de corazón apoyamos los deseos de otra persona, estos también son nuestros. Amar a alguien no es algo que decidamos, es algo que nos acontece: una sorpresa feliz.

El amor es una fuerza de gran intensidad. Hay quien por amor aguanta los desplantes y el maltrato de la persona amada. Por amor se está dispuesto a empezar una nueva vida, se pone en riesgo lo más preciado, se cometen crímenes. Hay quien ha acabado en la prisión, ha sufrido torturas o ha muerto de hambre por el objeto de su amor.

El amor es más que una emoción. Ha sido definido como un ansia, una pasión, una pulsión, una obsesión, una adicción. Numerosos estudios confirman que el deseo que experimentamos cuando estamos profundamente enamorados es una necesidad básica tan perentoria como la de comer, beber o dormir. Podemos vivir sin amor, pero nuestra existencia no nos parecería tan plena.

Algunos investigadores consideran que en realidad el amor no es tan complejo, que a fin de cuentas se trata de un sistema elemental para elegir pareja o para conseguir sexo, pero la mayoría de la gente, así como muchos científicos, entre los cuales me incluyo, sostenemos que es algo mucho más rico y con muchos más matices. Es, sí, un proceso biológico, pero también tiene un componente espiritual: en el amor, dos «almas», sea cual sea el significado que demos a esta palabra, se encuentran y se funden. Y aunque sea tan difícil de definir, podemos afirmar, como hizo Potter Stewart, juez del Tribunal Supremo de Estados Unidos en la década de 1950, cuando le pidieron que explicara qué era la pornografía: «Sé lo que es cuando lo veo».

El amor es quizá lo más importante de nuestra vida: nuestras mayores alegrías y nuestras más hondas desdichas están asociadas al amor. Nos enamoramos a todas

las edades, desde que en la pubertad tomamos concien-
cia de quiénes somos y nos fijamos por primera vez en
alguien, hasta que en una residencia de ancianos encontramos en un compañero o compañera un nuevo principio y una nueva ilusión. No estamos seguros de si los
diversos tipos de amor son comparables: ¿es lo mismo el
amor a la pareja que el amor a una madre, a la patria o al
dios de cada cual? La neurociencia sugiere que hay bastantes semejanzas, pero también diferencias. En el cerebro de una persona se activan zonas similares al ver una
fotografía de la pareja, de un hijo o de la madre, pero
hay otras regiones cerebrales que son específicas de cada
tipo de amor. Luego nos ocuparemos de ello.

Pero basta ya de hablar de aquello que no sabemos.
Hablemos ahora de algo que sí conocemos. El amor reside en el cerebro. Resulta entre divertido y patético que
sigamos dibujando corazones —con una silueta que recuerda a las ilustraciones medievales y que se parece más
bien poco a un corazón de verdad— para expresar nuestros sentimientos amorosos. El culpable tiene nombre:
Aristóteles. El sabio griego fue el primero en romper con
la tradición para afirmar que la mente y nuestros sentimientos residen en el corazón. ¿Por qué? Porque el corazón tiene una posición central en nuestro cuerpo,
mientras que el cerebro está en un extremo. El corazón
es sensible a las emociones —se acelera cuando vemos a
la persona amada—, mientras que el cerebro no muestra
ningún cambio. Si nos hieren en el corazón, morimos; si
sufrimos daños en el cerebro, podemos seguir viviendo
aunque perdamos funciones mentales o nos quedemos
en estado vegetativo. Además, Aristóteles veía corazones

en todos los animales que diseccionaba, pero los finos ganglios o los sistemas neuronales en red de los invertebrados son prácticamente indetectables a simple vista. Más aún, el corazón puede sentir dolor, mientras que el cerebro carece de receptores para el dolor, no parece sentir. También veía el corazón como un órgano caliente —símbolo de la vida—, mientras que el cerebro lo notaba frío y húmedo (quizá lo estudió en animales muertos, y el cerebro se enfría más rápido que el corazón). Dos mil quinientos años después de que Aristóteles planteara sus teorías sobre el corazón y la sangre, seguimos utilizando expresiones como «el corazón en un puño», «tener una corazonada», «hervirle a uno la sangre», «romperse el corazón», «asesinato a sangre fría» o «cordialmente». Todo muy cardíaco y aristotélico. El sabio griego tiene por tanto la culpa de los corazoncitos horteras del día de San Valentín, quien, por cierto, se convirtió en patrono de los enamorados por el interés de la Iglesia católica en sustituir los Lupercalia, ritos paganos de la fecundidad —algo que, dicho sea de paso, suena estupendamente—, por una festividad más modosa, idea que siglos después aplaudieron los grandes almacenes.

Sabemos también que gran parte de lo que rodea al amor es un proceso biológico. Nuestro cerebro busca compañía, amor y sexo. Está codificado en nuestros genes y en nuestras neuronas: somos seres sexuales y ansiamos sentir placer. Se ha visto que una vida amorosa y sexual satisfactoria es fundamental para tener una buena salud y que, al contrario, la pérdida de la persona amada aumenta significativamente el riesgo de muerte. Entre las parejas de ancianos que han estado juntos toda la vida, cuando uno de ellos muere, es muy frecuente que al cabo de unos días o semanas, de forma inesperada, fallezca el otro. La pérdida del amor nos rompe el corazón. Nuestro cerebro también interviene en las preferencias sexuales, en la facilidad para llegar al orgasmo o en el interés por las relaciones esporádicas, todo ello modulado lógicamente por nuestra cultura, nuestra educación y nuestras experiencias previas. Por otro lado, hay algunas diferencias entre sexos: los hombres somos llamativamente visuales —lo que se supone que explica nuestro mayor interés por la pornografía—, mientras que las mujeres enamoradas tienen una memoria especialmente activa y poderosa —hay que tener cuidado con ellas, no se les escapa una.

QUÍMICA POR TODAS PARTES

Albert Einstein declaró (si no es una de las incontables citas falsas que se le atribuyen): «¿Cómo demonios vas a explicar en términos de química y física un fenómeno biológico tan importante como el primer amor?». Sin embargo, cada vez entendemos mejor los procesos que determinan nuestro comportamiento. La química y la física explican bastante bien lo que nos pasa. Creemos que estamos al volante, que tomamos nuestras propias decisiones y que estas son fundamentalmente racionales. Pero en realidad estamos dominados por un sistema poderoso y primitivo de control mental: las hormonas, que nos arrastran como hojas al viento. Estas moléculas son conocidas por su papel como reguladoras (pensemos en la insulina y en los niveles sanguíneos de azúcar), pero también bañan el cerebro de información química. Se trata de mensajeros que viajan por la sangre informándonos sobre el mundo que nos rodea para que nos adaptemos a él. Las hormonas modulan nuestros sistemas corporales y hacen que nos comportemos de manera diferente según su concentración en nuestras venas y arterias. Nos hacen ser valientes o asustadizos, estar eufóricos o adormilados. Veamos cuáles son los principales responsables químicos del amor.

La oxitocina es la hormona con mejor imagen pública. Se la llama la «hormona del amor», es conocida por ser la responsable química de las caricias y tiene la reputación de promover la buena voluntad entre la gente. Incluso hay quien ha propuesto rociar con esta sustancia los espacios públicos para disminuir la agresividad y fomentar el esfuerzo común en las épocas de crisis (instalar unos aspersores de oxitocina en las escaleras del Palacio de las Cortes no sería mala idea). También se ha planteado su uso para tratar individualmente el autismo, la ansiedad, la depresión y el dolor crónico, casos todos ellos en los que se impone mejorar la sociabilidad.

Liberada en el orgasmo, en el parto y en la lactancia, la oxitocina es la hormona del vínculo en muchos animales, también en nosotros. Según un estudio de Kosfeld y su grupo publicado en *Nature* el 2005, la administración de oxitocina mediante un inhalador nasal incrementa la confianza en la gente que se tiene alrededor. Posteriormente, algunos investigadores afirmaron haber demostrado que inhalar oxitocina potencia la generosidad, la voluntad de cooperación y la empatía. Se pusieron a la venta en internet aerosoles de esta sustancia con la promesa de mejorar la vida sexual, reducir la ansiedad y recuperar la felicidad. Sonaba bien si no rascabas un poco. El hecho es que nadie ha conseguido repetir con éxito el experimento del 2005, e incluso los investigadores responsables empezaron a recular. Ni siquiera se ha probado que la oxitocina pueda cruzar la barrera hematoencefálica, con lo que no está claro que incida en las neuronas. Y aunque la oxitocina llegara al cerebro, sus efectos dependerían en gran medida del contexto. Estudios con ratones sugieren que altera los circuitos cerebrales de manera que la atención del individuo se centra en señales con relevancia social. Si este resultado se traslada a la compleja vida social de los humanos, el efecto de la oxitocina podría tener dos caras: fortalecería los vínculos dentro del grupo, pero también la hostilidad contra los de fuera. Nosotros frente a ellos, mi noble tribu frente a los bárbaros.

Es curioso que la misma hormona se libere en vínculos tan estrechos entre dos personas como el orgasmo y la lactancia. No solo interviene en la contracción de los músculos del pecho de la madre para que fluya la leche, sino que también reduce la ansiedad, la presión sanguínea y la frecuencia del latido cardíaco. Esa sensación de paz que nos invade cuando tomamos la mano de nuestra pareja, cuando le damos un abrazo, cuando acabamos de hacer el amor o, en el caso de la mujer, cuando el bebé mama del pecho se debe a la oxitocina, encargada de generar ese vínculo maravilloso. Pero su función va más allá, pues promueve las decisiones prosociales, incrementa la confianza y anima a la prodigalidad. Según otros estudios, altas dosis de oxitocina pueden incrementar la ansiedad al hacer que la gente sea extremadamente sensible a la opinión de los demás. Así pues, exacerbaría tanto la sensación de conexión como la de ruptura. Nada es simple en el ser humano.

La testosterona es la hormona de la masculinidad. Se estima que está detrás de algunos comportamientos predominantemente masculinos como la agresividad, el interés por la pornografía, los arrebatos sexuales y, quizá, la promiscuidad. Aunque en las mujeres se produce en una cantidad mucho menor, parece que también es clave en su deseo sexual.

Los estrógenos son las principales hormonas femeninas. Se producen a partir del colesterol en los ovarios y, en menor cantidad, en la placenta y en las glándulas suprarrenales. Intervienen en la regulación del ciclo reproductivo, incluyendo la ovulación y la menstruación. Entran en las células y alcanzan el núcleo celular para cambiar la expresión génica: hacen que algunos genes dejen de expresarse y que otros se activen. Son importantes para la salud mental y hay quien piensa que el descenso de estrógenos va unido a cambios de humor, irritabilidad y depresión, mientras que niveles altos pueden conferir resiliencia emocional. Ahora bien, un aumento excesivo incentiva los sentimientos de poder y competencia entre las mujeres. En lo que se refiere a los hombres, necesitan una pequeña cantidad de estrógenos para la producción de espermatozoides y, al parecer, también para estimular el deseo sexual. Por cierto, es curioso que, para el deseo, los hombres necesiten un poco de las hormonas femeninas y las mujeres, recíprocamente, un poco de las hormonas consideradas masculinas.

La progesterona modula la cantidad de estrógenos y su principal efecto es la fecundación y la reproducción, de ahí que sea conocida como la «hormona del embarazo». También parece jugar un papel clave en la libido de las mujeres.

La dopamina, la «molécula del bienestar», interviene en los circuitos de recompensa y estimula el deseo sexual. Es vital para los movimientos voluntarios y contribuye a la atención, la motivación y el placer. Es un elemento clave en las adicciones, en la sensación de éxtasis y en el amor. Dicen que es la llama que prende nuestros fuegos artificiales. Detrás de las cosas que nos gustan y nos hacen sentir bien suele estar la dopamina.

El aumento de la dopamina va unido a la disminución de otro neurotransmisor, la serotonina o 5-hidroxitriptamina. La serotonina es un elemento fundamental en nuestro estado de ánimo y participa en la memoria, las emociones, el sueño y el apetito. Se ha relacionado un nivel bajo de serotonina con la depresión, mientras que su exceso disminuye el deseo sexual (uno de los efectos secundarios de muchos antidepresivos, que elevan la cantidad de serotonina en el cerebro). Diversos estudios han demostrado un agotamiento de la serotonina en las primeras etapas del amor romántico hasta niveles comunes en pacientes con trastornos obsesivo-compulsivos. El amor, después de todo, es una especie de obsesión, por lo que en sus primeras etapas suele canalizar toda nuestra actividad mental hacia un solo individuo.

Las primeras etapas del amor romántico parecen correlacionarse asimismo con otra sustancia, el factor de crecimiento nervioso, que presenta niveles elevados en las personas que se acaban de enamorar en comparación con aquellas que no lo están o que se encuentran en una relación estable y duradera. Una mayor concentración del factor de crecimiento nervioso supone un mayor riesgo de terminar dibujando corazones en las fachadas (a lo que, diga lo que diga el factor de crecimiento nervioso, hay que resistirse a toda costa).

La vasopresina, también llamada arginina-vasopresina, era conocida al principio por su efecto en la retención de agua en los riñones, pero luego se ha comprobado que actúa de manera parecida a la oxitocina, facilitando y coordinando los circuitos de recompensa que son claves en el establecimiento del vínculo.

La norepinefrina o adrenalina nos mantiene alertas. Se produce en las glándulas suprarrenales tanto por estrés como por excitación, cuando necesitamos un subidón de energía. Un poco de adrenalina impulsa el deseo, pero una cantidad excesiva incrementa la ansiedad y la tensión.

Otros elementos fundamentales son la familia de opioides conocidos como endorfinas. Se parecen en su estructura a la morfina y a la heroína, pero las produce nuestro cuerpo de forma natural. Las endorfinas actúan en el cerebro como neurotransmisores especializados en la sensación de bienestar y se liberan para superar el dolor leve (por ejemplo, el causado por el ejercicio físico), así como en el orgasmo y en estados de enamoramiento. Todos los vertebrados sintetizan endorfinas, un indicio de la antigüedad evolutiva de esta sustancia, que también estimula el emparejamiento, y no solo haciendo que el contacto físico (tocarnos, acariciarnos, besarnos) resulte placentero. Robin Dunbar y sus colegas de la Universidad de Oxford pidieron a un grupo de individuos que se subieran a un bote y remaran, unos solos y otros por parejas. Los resultados fueron sorprendentes: los que remaban por parejas liberaban más endorfinas que los que lo hacían solos, a pesar de que el esfuerzo físico era el mismo en ambos casos. Por último, parece que las endorfinas promueven el comportamiento sincrónico cuando estamos en pareja, haciendo que nos siente bien estar al mismo tiempo en el mismo lugar que la persona amada.

Está claro que las hormonas influyen en nuestro comportamiento. Aquellas que se liberan antes de nacer y en los primeros meses de vida inciden en nuestra forma de actuar y en nuestras preferencias, incluso en el tipo de juguetes que elegimos en la infancia. A los tres años, los niños y las niñas ya muestran diferencias en sus juegos. Los niños son atraídos por las pelotas, los vehículos y los juegos de construcción, y prefieren jugar en grupos más grandes que las niñas, que se inclinan por las muñecas. Es todavía objeto de debate hasta qué punto estas diferencias se deben a la programación biológica o a la presión social. Un equipo de profesores liderado por Gerianne Alexander de la Universidad Texas A&M investigó, mediante un *software* que permite seguir la mirada, los niveles de atención de 21 niños y 20 niñas de entre tres y cuatro meses al reproducir una película de dibujos animados con una pelota, una muñeca y un grupo de figuras frente a una figura individual. Al mismo tiempo, midieron los niveles de estrógenos en la saliva de las niñas y de testosterona en la de los niños, y compararon las longitudes de sus dedos índices y medio, un dato que sirve para estimar la exposición a la testosterona antes de nacer. Pues bien, el comportamiento de las niñas parecía no estar afectado ni por los niveles actuales de hormonas ni por los prenatales, mientras que las preferencias de los niños sí estaban influidas por ambos, aunque de manera ligeramente distinta. En los niños con niveles circulantes de testosterona más elevados se observaba una marcada preferencia por jugar en grupo en vez de con individuos aislados, mientras que aquellos cuya longitud de los dedos sugería que habían estado expuestos a más testosterona en el útero mostraban una mayor preferencia por la pelota que por la muñeca de la película. Los niños de este experimento eran demasiado pequeños para que tales diferencias se tradujeran en distintas elecciones a la hora de jugar, pero las preferencias innatas podrían guiar comportamientos futuros.

¿Y en el ámbito del amor? Todas estas hormonas guardan entre sí equilibrios complejos. Sus concentraciones cambiantes pueden explicar por qué pasamos de una atracción desenfrenada a una relación estable y sosegada. Los altos niveles de testosterona que estimulan el deseo impiden la liberación de hormonas implicadas en el vínculo como la oxitocina y la vasopresina, mientras que altos niveles de estas dos últimas sustancias aplacan la pasión espoleada por la testosterona, la dopamina y la adrenalina, llevándonos a una etapa de mayor calma y placidez una vez que la relación se ha consolidado. Por otro lado, la producción de estas hormonas depende en gran medida de las condiciones ambientales. Por ejemplo, se ha visto que la producción de testosterona en un hombre se reduce cuando huele lágrimas de mujer o cuando sujeta un bebé. Muchos padres se quejan de una disminución de las manifestaciones amorosas después del nacimiento de un hijo. Puede deberse simplemente al cansancio y la falta de sueño, pero el caso es que pasión y maternidad no van precisamente unidas. La inhibición del deseo cuando llora nuestra pareja o cuando sujetamos a nuestro bebé en absoluto tiene por qué ser algo malo, sino la forma que tiene nuestro cerebro de decirnos que ahora las prioridades son otras: cuidar de la pareja y de nuestro hijo. Ya recuperaremos el sexo más adelante.

LAS ÁREAS CEREBRALES DEL AMOR

Es muy común la idea de que, puesto que contamos con un área cerebral para cada tarea (área del habla, área de la lectura, área de la aritmética), lo mismo debería valer para el amor, pero no es así. En el amor intervienen funciones cerebrales muy distintas: la memoria, que nos permite recordar las buenas y las malas experiencias; emociones como el miedo, la alegría o la excitación; la inteligencia, que aporta el juicio crítico sobre la otra persona y la capacidad de planificar un futuro juntos. El mapa cerebral del amor es complejo, pues implica varias regiones y muchas conexiones entre sí.

Las funciones que consideramos superiores, conscientes y de mayor nivel se sitúan en la corteza cerebral.

Esta delgada capa plegada que recubre los hemisferios cerebrales alberga nada menos que 193 áreas según los estudios más recientes. Además del circuito de recompensa, del que hablaremos en detalle, entre las regiones que intervienen en el amor se cuentan la ínsula media, la corteza prefrontal, el cíngulo anterior y el hipocampo. Por debajo de la corteza están las áreas subcorticales, y se sabe que el amor implica partes del estriado y probablemente el núcleo accumbens, que ocupan regiones centrales del sistema de recompensa. Son muchos nombres, pero entender el funcionamiento de esta maquinaria maravillosa no es tan difícil como parece.

Básicamente son tres las regiones encefálicas que se activan en el cerebro enamorado: el área tegmental ventral, el núcleo caudado/accumbens y la corteza frontal. Eso nos da muchas pistas, porque estas tres zonas forman parte del circuito de recompensa, el que evalúa las experiencias y las premia. Estudios de neuroimagen con resonancia magnética funcional han puesto de manifiesto que el área tegmental ventral derecha se activa cuando a un voluntario se le enseña una fotografía de la persona amada. A su vez, el área tegmental ventral envía señales a otras partes del cerebro, entre ellas el núcleo caudado para que libere dopamina y proporcione una sensación de placer, es decir, la recompensa. Se trata, pues, de un primer proceso rápido, sencillo y básico: vemos a la persona que amamos y algo en nuestro cerebro se ilumina y hace que nos sintamos bien.

El circuito de recompensa es magnífico: una serie de áreas cerebrales nos proporcionan una deliciosa sensación de placer cuando el cerebro considera que hemos hecho algo bueno. Es lo que ocurre cuando tenemos sed y bebemos, cuando tenemos hambre y comemos —supervivencia del individuo—, o cuando practicamos sexo —supervivencia de la especie—, pero también cuando tomamos una decisión, resolvemos un problema o ayudamos a un desconocido. ¿No es precioso que el cerebro nos premie con una descarga de placer cuando echamos una mano a alguien que no conocemos y probablemente no veremos nunca más?

El circuito de recompensa interviene en la motivación, en la adicción y en las emociones intensas. Las regiones cerebrales activadas por el amor son las mismas que están involucradas en el consumo de drogas, en los efectos de la música o en los éxtasis religiosos. El amor nos proporciona una sensación difusa de bienestar, placer y satisfacción.

Otras zonas encefálicas implicadas en el amor son las que constituyen el sistema límbico, incluyendo el hipocampo, la amígdala y sus conexiones con el hipotálamo y la corteza de los lóbulos temporales. Estos componentes intervienen en otros aspectos del amor como el procesamiento de las emociones, la motivación y la memoria. De este modo, el amor se asocia a procesos básicos: aumento de las emociones positivas, como la alegría, y disminución de las negativas, como la ira o el miedo. Nos sentimos impulsados a apostar por esa relación, y nuestra memoria la asocia a elementos positivos de nuestra vida: el amor de los padres, el bienestar, la risa, el contacto físico.

El estallido del amor conduce a la pasión. La pasión comprende sentimientos de exaltación y euforia, una felicidad inconmensurable y ciertamente indescriptible.

Las áreas del cerebro que se activan en respuesta a los sentimientos románticos son similares a aquellas regiones que contienen altas concentraciones de dopamina, el neurotransmisor asociado a la recompensa, el deseo, la adicción y los estados eufóricos. Al igual que otros dos moduladores vinculados al amor romántico, la oxitocina y la vasopresina (de los que ya hemos hablado), la dopamina es liberada por el hipotálamo, una estructura situada en lo más hondo del cerebro y que funciona como un enlace entre los sistemas nervioso y endocrino. El sistema nervioso se encarga de las respuestas rápidas y pasajeras, mientras que el sistema endocrino, a través de las hormonas, genera respuestas lentas y duraderas. Esas mismas regiones se activan cuando se ingieren drogas exógenas como la heroína o la cocaína, las cuales inducen asimismo estados de euforia. La dopamina procura bienestar y parece estar íntimamente ligada no solo al establecimiento de relaciones sino también al sexo, de ahí que este sea un ejercicio gratificante. En resumen, el cerebro dispara toda una artillería repleta de dopamina para hacernos estallar de amor.

Es igualmente interesante ver las zonas encefálicas que el amor apaga. Cuando miramos a la persona amada, áreas clave de nuestro cerebro disminuyen su actividad: la amígdala, la corteza frontal, la corteza parietal y la corteza temporal medial. La amígdala está implicada en el miedo (también en la ira), lo que significa que la disminución de su actividad hace que nos mostremos más inconscientes y osados, que sintamos menos vergüenza y no nos importe hacer el ridículo. Esto explicaría por qué al estar enamorados asumimos más riesgos y llevamos a

cabo acciones otrora impensables. Parece ser un mecanismo que facilita la vinculación de la pareja, dada la
vulnerabilidad y la confianza asociadas a una relación
amorosa en ciernes. La disminución de la actividad de la
amígdala también está presente en el orgasmo.

¿Es el amor ciego? La corteza frontal es el centro de
las funciones ejecutivas, el juicio crítico, la planificación
y la lógica. En el amor, todos estos elementos se echan
por la borda. La disminución de la actividad de esa área
del cerebro se traduce en una suspensión del juicio, en
una relajación de los criterios racionales con los que juzgamos a otras personas. Queremos que la gente nos ame
a pesar de nuestros defectos, pero resulta que literalmen-
te no los ven, o al menos los juzgan con mayor benevo-
lencia porque su corteza frontal está apagada por el enamoramiento. En efecto, el amor hace que no veamos los
defectos de la persona que nos gusta ni los peligros que
puede entrañar la relación. Las señales de alarma pasan
inadvertidas, aunque brillen como un árbol de Navidad
o suenen como la sirena de un petrolero. La neurociencia demuestra que el amor es ciego e ilógico. Quizá de
no ser así no podría funcionar.

Por último, el encaprichamiento por una persona disminuye la actividad en las áreas cerebrales asociadas a la
«mentalización» y a la «teoría de la mente»: la corteza
prefrontal, la unión parieto-temporal y los polos temporales. Se trata de las estructuras responsables de la capacidad de identificar las emociones de otras personas y
atribuirles razones, pensamientos, intenciones, permi-
tiéndonos que nos pongamos en la piel del otro y veamos
cuál podría ser el resultado de nuestras acciones. El neu-

robiólogo Semir Zeki explicó este hallazgo destacando que tales áreas están implicadas en la distinción conceptual entre el yo y el otro, por lo que su desactivación es necesaria para alcanzar la fusión y la unidad que persiguen los amantes. El amor es un salto en el vacío. Nos lanzamos con las defensas bajas y asumiendo grandes riesgos: no concebimos que esa persona pueda tener ideas o intenciones diferentes a las nuestras, incluso peligrosas para nosotros. Sin embargo, quien no arriesga no gana.

Cuando el amor no es correspondido, la separación del ser deseado puede causar dolor e incluso sumir al individuo en un estado cercano a la depresión. En un estudio realizado por Arif Najib y su grupo de la Medical University of South Carolina, los síntomas observados en nueve mujeres que recientemente habían sufrido una ruptura sugerían la participación de diversas regiones encefálicas que ya hemos mencionado, pero con resultados distintos: las alteraciones en la alimentación, el sueño y la regulación hormonal se asociaron con el hipotálamo; la anhedonia (incapacidad para sentir placer), con el estriado ventral; la tormenta emocional, con la amígdala. Las mismas zonas que antes nos procuraban una sensación de alegría ahora nos desgarran por dentro. Otras zonas implicadas en el amor no correspondido son el cerebelo, la corteza insular, la corteza cingulada anterior y la corteza prefrontal. Todas estas áreas experimentaron una disminución de la actividad cuando las mujeres reflexionaban emocionalmente sobre el rechazo sufrido. Por el contrario, se produjo una mayor estimulación en el área tegmental ventral y en el núcleo accumbens en comparación con otras personas que sí eran correspondidas.

En resumen, parece que el amor romántico y el amor no correspondido implican la activación de las mismas áreas, pero con matices de felicidad o de infelicidad proporcionados por otras zonas cerebrales. Los resultados del estudio anterior sugieren que los amantes rechazados experimentan una estimulación de las mismas regiones del cerebro porque siguen enamorados de la persona que les ha dado calabazas. Puesto que el amor romántico se basa en el sistema de recompensa dopaminérgico (la naturaleza anticipatoria de la recepción de una recompensa, así como el cálculo de pérdidas y ganancias en la toma de decisiones), permite que el circuito neuronal se adapte, lo que brinda a la persona rechazada la oportunidad de cambiar su comportamiento a través de dos etapas. En la primera etapa, de protesta, intenta recuperar a la persona amada; en la segunda, se desespera pero acaba resignándose a su suerte y, eventualmente, consigue pasar página. Sin embargo, la inactivación del sistema de recompensa puede causar una reacción contraria, desencadenando comportamientos de acecho, obsesión, depresión e incluso suicidio.

Por tanto, conocemos bastante bien los mecanismos que hay detrás de la euforia de los amantes y también de la tristeza que provoca la separación. Una descarga de dopamina hace que aumente la pasión, así como un incremento de la oxitocina y la vasopresina induce un comportamiento de vinculación. El descenso de la actividad de la amígdala impide que veamos los riesgos y promueve que confiemos ciegamente en nuestra pareja. La dis minución en la actividad de la corteza frontal es la responsable de que pasemos por alto los defectos del otro y estemos dispuestos a hacer cualquier cosa por seguir con la relación. Por último, la desactivación de las áreas «mentalistas» del cerebro proporciona esa sensación de unidad en el amor que tanto anhelamos.

Como podemos ver, el amor romántico tiene muchos correlatos con la atracción y la excitación sexuales. Una ventaja adicional es que el estímulo gratificante se extiende al amado como persona y también como pareja sexual. Es más, idealmente se complementan: no por casualidad nos referimos al sexo con la expresión «hacer el amor». De ahí que tantas personas consideren que es infinitamente mejor el sexo con amor que sin amor, cuando en el aspecto físico son realmente idénticos.

AMOR ROMÁNTICO Y AMOR MATERNAL

Una pregunta obvia es si el amor romántico y el amor de una madre a sus hijos implican o no las mismas zonas cerebrales. No hay duda de que estos dos tipos de amor se parecen en algunos aspectos, pero son diferentes en otros. Del mismo modo, el patrón de las áreas cerebrales activadas por los anhelos románticos incluye regiones que también se activan cuando una mujer ve la fotografía de un hijo (pero no cuando esa misma mujer ve fotografías de otros niños).

El amor maternal y el romántico comparten un propósito evolutivo común y crucial, el de mantener y promover la especie. Necesitamos pareja para tener hijos, pero también para criarlos con éxito. El amor romántico y el amor maternal comparten asimismo un propósito funcional, ya que ambos requieren que los individuos permanezcan juntos durante un período relativamente prolongado de sus vidas. Tanto el uno como el otro están «calculados» por la naturaleza para establecer lazos firmes entre los individuos, haciendo de la vida en común una experiencia gratificante.

No es de extrañar que ambos sentimientos, el amor romántico y el amor maternal, compartan áreas cerebrales. Sin embargo, el patrón de activación cerebral que se correlaciona con el amor maternal no es idéntico al del amor romántico, de ahí sus diferencias. Así, el amor maternal implica una fuerte activación de las partes del cerebro que son específicas para los rostros. Esto puede explicarse por la importancia que tiene para la madre la lectura de las expresiones faciales del niño con el fin de asegurar su bienestar. Otra diferencia interesante es que el hipotálamo, asociado a la excitación sexual, está involucrado en el amor romántico pero no en el amor maternal, lo que también parece lógico. Las regiones activadas comunes a los dos tipos de amor se encuentran en el sistema de recompensa. El juicio no solo se suspende en el caso del amor romántico, pues las madres son especialmente indulgentes con sus hijos, es decir, tienden a disculparlos y a protegerlos. Así pues, el patrón de desactivación cortical producido por el amor maternal es notablemente similar al del amor romántico, en particular con respecto a la corteza frontal, involucrada en la formación de los juicios. A las personas que queremos, ya sea nuestra pareja o nuestros hijos, les damos habitualmente el beneficio de la duda, las juzgamos con levedad, apostamos siempre por ellas. Si sus actos los realizara otra persona, nuestra respuesta probablemente sería más justa, pero también más dolorosa.

POCIONES DE AMOR

Nuestro conocimiento cada vez mayor de la química de las emociones podría llevarnos, en un futuro no muy lejano, a manipular los neurotransmisores y las neurohormonas implicados en el amor para aumentarlo o disminuirlo. Como ya hemos comentado, hay quien cree que un inhalador nasal con oxitocina aumenta la confianza en el prójimo y ajusta las emociones personales a las de los demás. En esa jungla que es internet se venden productos como Enhanced Liquid Trust (Confianza Líquida Mejorada), una colonia a base de feromonas «diseñada para impulsar el área de citas y relaciones de tu vida». Aunque la gran mayoría de la comunidad científica piensa que lo único que esto puede impulsar es la autoconfianza debido al efecto placebo, en Australia hay estudios en marcha para determinar si los aerosoles de oxitocina pueden resultar útiles en las terapias de pareja. Con respecto a las feromonas, moléculas olorosas que supuestamente contribuyen a la atracción sexual, ni siquiera se ha demostrado que existan en los seres humanos.

Otra vía abierta para fabricar pócimas de amor son los fármacos que se administran para tratar enfermedades y trastornos como la depresión o la disfunción social. Tanto el Prozac como la Viagra influyen en el sistema productor de oxitocina. Aunque los resultados no son concluyentes, ya existe el consenso de que en los estudios sobre medicamentos psiquiátricos hay que incluir en la lista de variables la calidad de las relaciones personales de los pacientes y su evolución. Necesitamos una valoración completa de cada nuevo fármaco para saber si mejoran nuestros problemas de depresión o impotencia, pero arrasan nuestra vida amorosa.

Dado que nuestro comportamiento amoroso tiene una base genética, surge la duda de si podemos actuar sobre ese sustrato de ADN. Es probable que pronto dispongamos de test genéticos para determinar el grado de afinidad entre dos personas que se están planteando iniciar una relación. Para algunos se antoja un método más racional que el puro instinto que parece gobernar el amor hoy en día. De cualquier manera, recientes avances en biología de las parejas hacen suponer que no pasará mucho tiempo antes de que un emprendedor con pocos escrúpulos comercialice una «poción de amor» farmacéutica. ¿Nos importaría que alguien nos echara algo así en la bebida sin nuestro consentimiento? Ya existe una enorme cantidad de productos comerciales, como los perfumes, que intentan alterar nuestro comportamiento y dirigirnos en una dirección determinada. Después de todo, el amor es universalmente descrito como una locura transitoria.

LAS FASES DEL AMOR

El amor es natural e ilusionante como el nacimiento de un bebé, pero siempre nos pilla por sorpresa. Cada adolescente lo descubre, cada pareja lo redefine y cada matrimonio lo reinventa. Todos hemos vivido las fases del amor, que se pueden explicar de acuerdo con la química cerebral que acabamos de ver. Son las siguientes:

Fase 1. Enamoramiento. Incremento de la adrenalina, aumento de la frecuencia cardíaca y de la presión sanguínea. Estamos alertas y plenos de energía. Podemos llegar a sentir ansiedad. El hipotálamo produce dopamina —clave en la atención, la motivación y el placer—, que a su vez induce la liberación de testosterona, la hormona que estimula el deseo sexual tanto en hombres como en mujeres.

Fase 2. Locura de amor. Disminuye la serotonina y se produce un proceso químico similar a trastornos del ánimo como la depresión. Pérdida de la sensación de control. Ansiedad, inestabilidad, dudas: ¿me va a dejar?, ¿ya no me quiere? Sentimientos obsesivos.

Fase 3. Pérdida del juicio analítico. La corteza frontal se ralentiza y se toman decisiones irracionales e impulsivas, corriendo demasiados riesgos. Se olvidan los errores cometidos en casos similares. Te casas en Las Vegas.

Fase 4. Estabilización. La liberación de las hormonas oxitocina y vasopresina se superpone a los efectos de la testosterona, la dopamina y la adrenalina. Se establecen vínculos con la pareja que pueden durar décadas. La oxitocina, liberada en el orgasmo, refuerza el vínculo de pareja, al que también contribuyen las caricias, los abrazos, el cogerse de la mano. El vínculo, ese sentimiento de calidez y compañía, facilitará el cuidado compartido de la prole si la relación sigue adelante. Es fundamental en nuestra especie, pues las crías nacen indefensas y durante años hay que protegerlas, prestarles toda la atención y educarlas. La pareja sufre una metamorfosis. La mujer obtiene de la lactancia la oxitocina que antes generaba en el orgasmo. El hombre se sube por las paredes al sentir que su pareja no lo busca como antes por culpa de ese pequeño ser cabezón y sonriente.

¿Es el amor un tipo de locura transitoria, como apuntábamos antes? En la persona enamorada pueden observarse comportamientos erráticos, cambios súbitos de humor, falta de juicio lógico, estimación sesgada o irracional de otras personas y alteración profunda de las costumbres y los valores. De hecho, el enamoramiento a menudo comparte síntomas con problemas mentales como el trastorno obsesivo compulsivo.

¿Es el amor una adicción? Puede parecer exagerado, pero no lo es: en la pareja y en la formación del vínculo entre la madre y la cría se produce una potente activación del sistema de recompensa dopaminérgico del cerebro, el mismo circuito neuronal sobre el que actúan algunas drogas, como la cocaína y la heroína. Ese circuito neuronal puede causar tolerancia (la necesidad de un incremento de la neurohormona para sentir los mismos efectos) y dependencia (un malestar físico y psicológico si el subidón neuroquímico no se mantiene). Por tanto, el placer se asocia con la persona amada, cuya ausencia inspira un sentimiento de carencia, igual que el amor despechado o la ruptura sentimental.

¿Y si somos rechazados? La respuesta más común es amar aún más intensamente. Al parecer, los circuitos cerebrales asociados al sentimiento pasional incrementan su actividad neuronal, pero ya no se da el refuerzo positivo y adormecedor del orgasmo. Las neuronas siguen hablando el lenguaje del amor, pero no reciben el premio del sexo. En cierta manera, la persona rechazada sufre un síndrome de abstinencia. Como ya hemos visto, la siguiente reacción puede ser de protesta, acompañada de esfuerzos más o menos sutiles, dramáticos o ridículos para recuperar a la persona amada. Es común cierta sensación de pánico, comparable al llamado trastorno de ansiedad por separación, que es lo que experimentan las crías de muchas especies de mamíferos cuando de repente su madre deja de estar a la vista. Muchos cuentos infantiles transmiten el pánico a quedarnos solos, perdidos en el bosque, donde podríamos ser presa de lobos o brujas. Quizá lo contrario del amor no sea el odio, sino la soledad y el abandono.

La siguiente etapa neurobiológica en el amor no correspondido suele caracterizarse por la rabia, el desprecio y el rencor, pues curiosamente las regiones cerebrales del circuito de recompensa se solapan con las que se encargan de la ira y el enfado. Parece que el lugar común de que del amor al odio solo hay un paso tiene cierta razón de ser en lo que al cerebro se refiere. Por último, cuando el amante despechado se resigna a su destino —como dice Sabina: «Mi primera venganza se llamaba "perdón"»—, puede atravesar un período de depresión y desesperanza. Estas emociones negativas pueden derivar en el acoso e incluso en el asesinato.

¿Y cómo sugiere la ciencia que debemos afrontar un amor no correspondido? Hay varios caminos. El más evidente si las cosas se salen de madre son los fármacos.

Habrá personas a las que no les parezca bien recurrir a la solución fácil y rápida de tomar una píldora para superar una ruptura, en vez de afrontar la situación y aprender de la experiencia, aunque cueste mucho sufrimiento. Sin embargo, si disponemos de un arma química para combatir los pensamientos suicidas que a veces acompañan a un amor no correspondido, parece lógico que nos planteemos su uso. Se ha comprobado que tanto los individuos que se encuentran en las primeras fases del amor como aquellos que padecen un trastorno obsesivo compulsivo presentan niveles bajos de transportadores de serotonina. Esta similitud podría explicar los comportamientos obsesivos de algunos enamorados, que sienten que no se pueden quitar de la cabeza a la persona amada y en algunos casos tienen la necesidad de escribir una y otra vez su nombre. Los antidepresivos permiten recuperar los niveles normales de serotonina, aunque también moderan las emociones extremas y hacen más difícil establecer un vínculo amoroso. Al fin y al cabo son estabilizadores del ánimo, el cual suele estar gravemente alterado durante el enamoramiento y pasar de la euforia a la depresión de un momento a otro. Los antidepresivos pueden ayudar a la persona a soltar amarras tras la ruptura —y sin recurrir al alcohol, diga Sabina lo que diga.

También es posible actuar químicamente sobre los vínculos. Los perritos de las praderas, que son llamativamente monógamos, se convierten en polígamos si se les bloquea la dopamina o la oxitocina, lo que abre una vía farmacológica para tratar las fijaciones del amor no correspondido. ¿Y el dolor ante la pérdida? Bloqueando el factor liberador de corticotropina, una hormona responsable del estrés, se detiene el comportamiento depresivo que experimentan los perritos de las praderas cuando su pareja muere. No es que tengamos moléculas para todo, sino que por primera vez entendemos, aunque sea de una manera básica, la química del cerebro y disponemos cada vez de más fármacos para tratar con cierta eficacia los problemas de la mente.

Si no queremos tomar fármacos, hay otra manera de subir los niveles de dopamina o de oxitocina: hacer deporte. El ejercicio incrementa los niveles de dopamina; el contacto físico y la interacción social, los de oxitocina. Y encima mejoran la silueta. También hay que contar con que el tiempo calma los desengaños, como todos sabemos. Las personas despechadas presentan mayor actividad en el pálido ventral —una región encefálica que interviene en el apego— que quienes viven felizmente en pareja. Esa actividad excesiva va disminuyendo paulatinamente hasta alcanzar niveles normales, lo que encaja con el comportamiento de las personas afectadas del mal de amores. Y es que, como también dice el maestro Joaquín: «Lo bueno de los años es que curan heridas».

DESTINATARIOS DEL AMOR

Podemos decir que alguien tiene pasión por el chocolate, que está enamorado de *Juego de tronos* o que ama la música, pero casi todos estaremos de acuerdo en que ni el chocolate, ni esa serie de televisión ni la música son objeto de nuestro amor, sino que simplemente nos gustan. Para el amor erótico, el rango de posibles destinatarios es mínimo; en general se reduce a los seres humanos, y solo a una parte. Para la mayoría, la posibilidad de enamorarse se limita al sexo opuesto, pero también hay una parte considerable de la población que prefiere personas de su mismo género o que no establece distinciones. Ocurre algo parecido con la edad: en general nos sentimos atraídos por personas de un rango de edad cercano al nuestro, pero luego hay individuos abiertos a límites mucho más amplios o que directamente carecen de ellos. Según la ciencia actual, la diversidad es cada vez más patente. No todos somos iguales, y las clasificaciones (la división en dos géneros, por ejemplo) han dejado de ser absolutas, pues existen numerosas excepciones.

Hay también diferencias culturales, algunas de las cuales se plasman en los tabúes. En la cultura occidental consideramos inaceptable el amor erótico entre hermanos, así como que un adulto dirija su amor a un niño. Pero no ha sido así en otras épocas y otros lugares. Es conocido que el faraón Ptolomeo II y sus sucesores se casaron con sus hermanas para mantener la sangre real. Por otro lado, el estadounidense Daniel Gajdusek, que recibió el Premio Nobel de Medicina o Fisiología en 1976 y vivió buena parte de su vida en Nueva Guinea, fue acusado de abusar sexualmente de niños. Gajdusek, lejos de mostrar arrepentimiento, criticó la legislación norteamericana y declaró que solo lo había hecho con muchachos de culturas donde eran comunes las relaciones sexuales entre niños y adultos.

Hay ejemplos más cercanos. En junio del 2020 el matrimonio entre personas del mismo sexo era legal en 30 países, mientras que en otros es un delito que puede castigarse incluso con la pena de muerte. Consideraciones parecidas podríamos hacer con las relaciones extramatrimoniales, con el sadomasoquismo consensuado o con la pasión amorosa que no cuenta con la aprobación de los padres o las autoridades religiosas: en algunos países entran en la esfera de lo privado, responden a una decisión personal, mientras que en otros son vistos como algo repugnante, sancionado negativamente por la mayor parte de la sociedad.

Otro tabú son los animales. El vínculo entre una persona y su mascota puede llegar a ser muy estrecho. Se estima que en Estados Unidos, con 328 millones de habitantes, hay 1200 millones de mascotas como mínimo. El afecto por los animales domésticos nos viene de lejos: en la Antigüedad clásica, tanto griegos como romanos sufrían por la pérdida de sus perros, como atestiguan las inscripciones de algunas tumbas. Los antiguos egipcios ponían nombre a sus mascotas —algo importante en la cultura egipcia porque consideraban que los nombres tenían propiedades mágicas— y enterraban a babuinos y perros con sus propietarios para que los acompañaran en la vida eterna.

¿Amamos a nuestros animales? Parece evidente que sí. La relación estrecha con las mascotas aumenta la estimación subjetiva de la felicidad y reduce casi todas las señales de estrés (hipertensión, taquicardia, ansiedad), beneficios similares a los que obtienen quienes aman a otra persona. Tener una mascota procura una vida más larga y saludable. Perros especialmente adiestrados acompañan a personas con diversos tipos de discapacidad. Los animales domésticos parecen saber cuándo ne-

EL CEREBRO ENAMORADO

cesitamos cariño y cada vez son más valorados en hospitales, residencias y unidades psiquiátricas.

Amamos a nuestros animales de compañía, pero ¿nos aman ellos a nosotros? ¿Qué somos para ellos, solo el jefe de la manada, el proveedor de comida? ¿Y ellos para nosotros?, ¿usamos a nuestra mascota como sustituto de una pareja o de un hijo? A los que amamos a perros o gatos, algunos científicos nos acusan de antropomorfismo, de proyectar en los animales comportamientos humanos. Sostienen que amamos a una criatura que es incapaz de amar, de tener un sentimiento tan complejo. Pero no es así. Recientes investigaciones demuestran que los animales tienen sentimientos que algunos consideraban exclusivos de los seres humanos, incluyendo emociones complejas como el amor, la empatía, los celos o la vergüenza.

El vínculo también está presente en otras especies. Hemos visto casos de animales que acompañan a otro que está a punto de morir. Una vieja chimpancé hizo que sus dos descendientes la acompañaran mientras fallecía, y los días siguientes estos pasaron algo muy parecido al luto. Los delfines nadan turnándose durante horas para mantener fuera del agua a las crías muertas, en un intento desesperado por que respiren. Los roedores pueden adoptar comportamientos sorprendentes: una rata, que normalmente huye si se acerca un depredador, le planta cara jugándose la vida si está rodeada de sus crías y estas no tienen la posibilidad de escapar. El amor a los hijos es más fuerte que el instinto de supervivencia.

Y si asumimos que es posible amar a personas y a animales, ¿aceptaremos el amor a un objeto? Los obje-

52

tófilos aseguran estar enamorados de una cosa inanimada. Uno de los primeros casos que saltaron a la opinión pública fue el de Eija-Riitta Eklöf-Berliner-Mauer. Esta mujer, residente en un pueblo del norte de Suecia, acuñó el término de *objectum-sexuality* al casarse con el muro de Berlín en 1979, lo que causó revuelo en los medios de comunicación. En 1996 creó la primera página web sobre sexualidad dirigida a objetos y tres años más tarde abrió en internet un grupo de discusión sobre el asunto.

A algunos de estos objetófilos les resulta inconcebible sentirse atraídos por un ser humano. Erika «Aya» Eiffel, que llegó a ser campeona mundial de tiro con arco, declaró que tenía una aventura amorosa con *Lance*, su arco de competición. Su destreza como arquera fue disminuyendo conforme el amor perdía fuerza. Y no acabó ahí la historia, pues en 2007 celebró una ceremonia de compromiso con la torre Eiffel y cambió su apellido, como hacen las norteamericanas al casarse. Desde entonces es Erika Eiffel. Nos puede parecer risible, pero la realidad del amor es caleidoscópica.

En el 2009 Amy Marsh hizo una encuesta a unos cuarenta objetófilos que formaban parte de la asociación Objectùm-Sexuality Internationale. Marsh sostenía que la característica más llamativa de su investigación era la diversidad de emociones y la profundidad de la conexión que estas personas sentían por sus objetos deseados. A su juicio, pese a tratarse de una orientación sexual rara, era perfectamente real, genuina, y quizá estaba relacionada con un tipo diferente de cerebro. De hecho, un alto número de los objetófilos tienen autismo, una condición que está asociada a variaciones en la estructura y las funciones cerebrales.

Algunas personas que se sienten sexualmente atraídas por objetos lo relacionan con el animismo, una filosofía o religión que considera que los objetos poseen alma, inteligencia y sentimientos y son capaces de comunicarse. El caso es que, aunque no seamos conscientes de ello, todos hemos oído hablar de la objetofilia. Veamos cómo describe Victor Hugo a Quasimodo en *Nuestra Señora de París*:

> [Quasimodo] amaba [las campanas], las acariciaba, hablaba con ellas, las entendía. Desde el carillón en el campanario del transepto hasta la gran campana sobre el pórtico, todas compartían su amor. [...] Claude Frollo le había hecho campanero de Nuestra Señora, y dar la gran campana en matrimonio a Quasimodo era entregar Julieta a Romeo.

Según muchos especialistas, la objetofilia implica un historial sexual traumático y es una patología cercana a las parafilias y al fetichismo. A su vez, muchos objetófilos piensan que la reacción pública a sus preferencias es un ejemplo de la represión conservadora en un mundo que, a su juicio, está cada vez más preocupado por la seguridad, tanto emocional como económica y territorial. Sin embargo, cada vez se alzan más voces integradoras. Jennifer Terry, profesora de Estudios de la Mujer y coordinadora del Programa de Estudios Transgénero de la Universidad de California en Irvine, considera que la objetofilia forma parte de las «sexualidades que alteran los órdenes dominantes del sexo», es decir, que son heterodoxas, pero no por ello enfermizas o patológicas.

De Silva y Pernet (1992) publicaron el caso de un «joven tímido» que tenía una relación erótica con un coche, un Austin Metro. El hombre, identificado como George, recibió terapia para reconducir la focalización de su erotismo, de los coches a las mujeres. La situación se complicaba por la práctica de masturbarse detrás del tubo de escape, con el coche en marcha. Tal vez la reducción de oxígeno y la asfixia subsecuente incrementaran su excitación —lo que los autores consideraron una posible forma suave de hipoxifilia (asfixia erótica)—, a lo que contribuía asimismo la sensación de estar «contaminado». La terapia tuvo un éxito parcial: aumentó su deseo por las mujeres, pero no disminuyó su interés por los coches. Sus terapeutas informaron de un «cumplimiento menguante» de los objetivos terapéuticos.

Un nuevo mundo se ha abierto para los objetófilos con los avances en robótica, que difuminan las diferencias entre objetos animados e inanimados. Hay investigadores que trabajan para reemplazar las insatisfactorias y sórdidas muñecas hinchables por robots androides o ginoides, que no solo tienen una apariencia física cada vez más lograda y transmiten sensaciones cada vez más parecidas a las de un ser humano, sino que incluso son capaces de mantener conversaciones sofisticadas y de ofrecer interacciones emocionales y empáticas.

Esos robots tienen todavía un precio prohibitivo, pero los aparatos electrónicos reducen su precio con rapidez y, además, el ser humano siempre está dispuesto a saltarse todos los límites económicos en asuntos como el amor y el sexo. Por otro lado, hay versiones mucho más básicas que un robot. Un ejemplo son las voces sintéticas de las aplicaciones informáticas. Según una encuesta realizada a 1000 personas por We-Vibe, empresa de juguetes sociales con conexión informática, en la primera fase de la pandemia del coronavirus el 14 % de los hombres se habían sentido excitados por Alexa, el *software* de reconocimiento de voz que utilizan los altavoces Echo de Amazon. Al parecer, el confinamiento llevó a bastantes hombres a flirtear con un cilindro metálico. Pero no gozaban de intimidad alguna, pues Amazon tiene empleados que escuchan lo que le decimos a Alexa. ¿Qué pasa si le declaramos nuestro amor? Pues que la voz entona una canción cuya letra dice que el usuario es «tan amoroso como un pastel». Alexa no sabe lo que es un pastel, desde luego nunca lo ha probado, y si algún genio de la informática se encargara de hacérselo saber, no tendría la capacidad de razonamiento suficiente para describir la sensación humana de probar algo dulce. Aun así, la inteligencia artificial nos resulta cada vez más deseable y está cada día más presente en nuestras vidas.

¿Nos engañamos a nosotros mismos o avanzamos en la creación de tecnologías beneficiosas para el ser humano? Podemos sentir un rechazo instintivo por este uso de la inteligencia artificial, pero las mascotas robóticas, como los animales, tienen un efecto positivo en personas aisladas (por ejemplo, en los ancianos que viven en residencias): les hacen compañía y mejoran su salud. En Japón es posible alquilar por horas a una persona para que finja ser alguien cercano a ti, no solo para mantener relaciones sexuales. En ocasiones lo que se busca no es un compañero sexual sino simplemente un familiar, un amigo o una pareja.

Aunque el amor se considera una actividad exclusiva de los seres humanos, parece que el objeto del amor no conoce límites. ¿Es realmente amor la atracción por el muro de Berlín, por un gato o por un robot humanoide? Algunos filósofos hablan de distintos tipos de amor, de un amor noble y superior frente a otros básicos, inhumanos, pero hay quien sostiene que estas afirmaciones esconden prejuicios, una moralidad estrecha determinada por la costumbre, las leyes o el pensamiento dominante. El amor evoluciona, es diferente en cada época.

GENÉTICA DEL AMOR

Los biólogos, antropólogos y neurocientíficos estudian qué es el amor, qué sustancias y regiones cerebrales implica, cómo se produce el cambio psicológico desde el deseo sexual hasta el amor romántico y cuál es la importancia de factores como la sensación de seguridad que nos embarga cuando nos unimos a alguien a largo plazo.

Un elemento importante es el de los condicionantes genéticos que subyacen al amor. Se comete el error de pensar que tenemos un gen para cada característica física, cuando la genética no es en absoluto tan sencilla. La mayoría de los comportamientos están modulados por decenas o cientos de genes, además de por la crianza y la experiencia, entre otros muchos aspectos ambientales. La genética juega un papel en el amor, pero no es fácil de determinar. Nos enamoramos de alguien que tiene un perfil químico (ciertos niveles de dopamina, serotonina, estrógeno y testosterona) que complementa el nuestro. Chemistry.com, una página web para buscar pareja que cuenta con el asesoramiento de la catedrática de antropología Helen E. Fisher, ha creado un test, realizado hasta el momento por más de ocho millones de personas, cuyas preguntas están diseñadas para proporcionar una panorámica básica de la química del cerebro y de todo el organismo, en asociación con aspectos específicos del temperamento y la personalidad. Por ejemplo, medir la proporción entre la longitud del dedo índice y la del dedo anular permite hacer una estimación de los niveles de testosterona en el cerebro antes de nacer, lo que ofrece información sobre las capacidades asertivas, verbales, musicales y analíticas, moduladas por esa hormona durante el desarrollo del feto en el útero. Otras mediciones contribuyen a determinar la propensión a ser una persona curiosa o a buscar experiencias novedosas (la neofilia), que supuestamente se basa en los niveles de dopamina en el cerebro.

Otros servicios de citas basados en un sustrato científico tales como ScientificMatch.com o GenePartner.com prometen relaciones sólidas y de larga duración según la información genética y los sistemas inmunitarios de los usuarios. Este enfoque se fundamenta en un estudio realizado por el investigador suizo Claus Wedekind y sus colegas de la Universidad de Berna, que pidieron a unas mujeres que olieran camisetas usadas por hombres tres días seguidos y las clasificaran en función de su atractivo. El estudio demostró que la mayoría de las mujeres se sentían atraídas por aquellos hombres cuyos sistemas inmunitarios eran los que más diferían del suyo propio. Este resultado encajaría con el saber popular («los polos opuestos se atraen») y tendría todo el sentido biológico, pues esas diferencias estarían codificadas en los genes del antígeno leucocitario humano (HLA). Los genes HLA controlan la activación de la respuesta del sistema inmunitario y son cruciales para disfrutar de un buen sistema de defensa: a mayor variedad de genes HLA, mejor funcionamiento del sistema inmunitario, pues mayores son las posibilidades de defenderse con éxito. Desde un punto de vista evolutivo, es comprensible que los individuos con sistemas inmunitarios muy diferentes se atraigan entre sí, ya que su unión garantizaría una descendencia con un rango más amplio de genes HLA y, por tanto, con mejores sistemas de defensa y más posibilidades de sobrevivir.

Los usuarios de los servicios de citas buscan el apoyo de la ciencia. Algunos desean saber qué personas disponibles de su zona serían genéticamente convenientes para ellos. El número de parejas que quieren confirmar su compatibilidad con datos genéticos es cada vez más alto. La idea es recurrir a la compatibilidad biológica como un complemento a la información social, psicológica e intelectual, que sigue siendo clave en la formación de relaciones duraderas. Entre las ventajas de tener una pareja genéticamente compatible están una vida sexual más satisfactoria, un mayor nivel de fecundidad e hijos más sanos. No es poca cosa.

Algunas empresas se han lanzado a comercializar test genéticos para localizar a la pareja perfecta. Puede parecer uno de los excesos típicos de nuestra época, pero se trata de una práctica rutinaria en personas con un alto riesgo de sufrir enfermedades hereditarias graves. En países mediterráneos y de Oriente Medio que presentan una alta prevalencia de beta-talasemia, trastorno hereditario que afecta a la producción de hemoglobina, es normal realizar pruebas genéticas. Así, la detección de la mutación de la beta-talasemia es obligatoria para las parejas en Irán y en diferentes países árabes, así como en Chipre. Los prometidos son informados de los resultados del test y se deja a su elección contraer o no matrimonio. El cribado genético también es común entre los judíos askenazíes, que por motivos históricos, al vivir en colectividades aisladas y observar la costumbre de no casarse con personas ajenas al grupo, tienen mayor riesgo de desarrollar trastornos monogenéticos como la fibrosis quística, la enfermedad de Tay-Sachs o el síndrome de Bloom. Tales programas de detección temprana han reducido considerablemente el número de niños afectados por estas dolencias.

Los sitios web que mencionábamos antes, como ScientificMatch.com o GenePartner.com, contemplan desde el inicio la información genética de los usuarios. Estas plataformas, como las redes sociales comunes para encontrar pareja, ofrecen a los suscriptores la posibilidad de describir sus cualidades, pero la gente suele caer en los lugares comunes. Por el contrario, la información genética sobre compatibilidad biológica representa genuinamente la individualidad de cada persona.

Cuando algo se fundamenta en datos científicos, decimos que está «basado en la evidencia». Apoyarse en la ciencia inspira confianza (de ahí la profusión de batas blancas en la publicidad), pero no deja de ser una moda, e incluso hay serias dudas sobre la fiabilidad de ciertas conclusiones que pregonan algunos estudios de ADN. Por ejemplo, se desconoce hasta qué punto la diversidad de genes HLA se refleja en el aroma personal y, por tanto, si el sentido del olfato contribuye realmente a emparejar a individuos con sistemas inmunitarios diferentes.

Por supuesto, el amor no se reduce a los genes. Factores sociales y culturales juegan un papel importante en nuestra manera de amar. Nuestras experiencias amorosas pasadas son determinantes a la hora de iniciar una nueva relación. Todos aprendemos de nuestros éxitos y fracasos.

El hecho de que los seres humanos estén condicionados por sus experiencias quizá explique por qué algunas personas salen con el mismo tipo de persona una y otra vez. A medida que maduramos vamos desarrollando un esquema básico del amor que contiene todo aquello que nos atrae y, tal vez, también aquello que nos repele. Este cuaderno interno de puntuaciones es algo que la gente usa sin darse cuenta para valorar si determinada persona es adecuada como pareja. Por otro lado, parece que no es cierta la idea tan extendida de que los humanos nacen con un tipo particular de media naranja codificada en los genes o en los circuitos neuronales. Investigaciones sobre las elecciones de gemelos idénticos, cuyo genoma es prácticamente el mismo, sugieren que el desarrollo de estos mapas del amor lleva tiempo y que el azar juega un papel muy importante. Esto significa que las parejas de sendos gemelos idénticos pueden ser muy diferentes.

El cortejo, la seducción y el amor romántico son conductas complejas que implican muchos genes y que están moduladas por numerosos factores sociales y culturales. Hay quien piensa que disfrutar de un poema o de una música maravillosa explica mejor qué es el amor que conocer una secuencia de ADN; creen que la ciencia acabará con la magia del amor. No es así. Helen E. Fisher decía: «Puedes conocer todos los ingredientes de un pastel de chocolate sin dejar de encontrarlo delicioso. Puedes conocer cada parte del motor de un Bentley o un Ferrari sin dejar de sentir la potencia de sus caballos y la diversión de conducirlo. Lo mismo se aplica al amor». Aunque algún día desentrañemos la química del amor y terminemos entendiendo la base genética de por qué nos enamoramos de alguien en concreto, seguirán siendo válidos los principios elementales por los que dos personas salen juntas y se enamoran. Un poco de conocimiento sobre los mecanismos cerebrales que mueven nuestros impulsos y deseos no restará nada de magia a este antiguo proceso. Hay quien prefiere no saber cómo funciona su coche, mientras que a otros les encanta desmontarlo, conocerlo al dedillo y pulir cada pieza.

El amor es tan importante para nosotros que hay toda una serie de «caminos», «enfoques» o «sistemas» para encontrar pareja. El enfoque científico, lo que podríamos llamar el «amor basado en la evidencia», probablemente no acabe nunca con los demás, pero algunas personas sentirán que ese es su camino. Los sistemas basados en la ciencia parten con la ventaja de combinar el respeto de la sociedad actual por los investigadores con las dificultades para relacionarse y el uso de la tecnología que caracterizan la vida contemporánea. Así es nuestro mundo. Hemos aceptado con entusiasmo las técnicas de anticoncepción y nuestra sexualidad ha cambiado, hemos implementado las técnicas de fecundación asistida y nuestra reproducción ha entrado en una nueva etapa, solucionando los problemas de algunas parejas. Es posible que la próxima época sea la de las tecnologías del amor.

Siempre habrá emprendedores que vendan un «nuevo» sistema para encontrar el amor. En cierto modo manipulamos los sentimientos mediante la ciencia al tomar pastillas para combatir la tristeza, la ansiedad o el insomnio, pero nos sentimos incómodos a la hora de aplicar la farmacología al amor, como si fuera una traición a nosotros mismos. Sin embargo, intentamos despertar sentimientos amorosos con flores, bombones, veladas románticas, música, abrazos, besos y caricias. Y, de repente, los neurocientíficos nos dicen que todas esas cosas estimulan la química del cerebro, en particular la liberación de dopamina y serotonina.

En general, un mayor conocimiento de la genética y una tecnología asequible para identificar los genes pueden ser herramientas útiles. No se trata de encontrar el gen del amor o el gen de la infidelidad, ni una secuenciación de ADN que determine cuál es nuestra pareja ideal. De hecho, persiste la duda de si nos atrae más la gente similar a nosotros o aquellas personas que son claramente diferentes, que nos complementan.

Calcular las posibilidades de éxito con una persona en función de los genes es lo que se ha dado en llamar la «colonización del futuro». Preocupados por la inseguridad inherente de la vida, seguimos cayendo en la tentación de recurrir a cualquier sistema que nos prometa conocer el futuro, desde las cartas del tarot hasta los test genéticos. Vemos cómo la genética, hasta hace poco una ciencia especializada y fuera de nuestro alcance, se abre camino en la vida cotidiana. Cada vez es más común pagar por un estudio genético con el fin de conocer nuestros ancestros, las enfermedades a las que estamos predispuestos o incluso el perfil conductual de un niño y sus posibles desarrollos profesionales. En un futuro cercano, empresas de secuenciación genética nos ofrecerán herramientas básicas para buscar pareja, para comprobar la compatibilidad emocional, para explorar la tendencia al compromiso, al cuidado de los niños, a la fidelidad o la estabilidad, para saber cómo serán nuestros hijos en común. El problema estriba en que el amor es impredecible, pues implica un alto porcentaje de ambigüedad. Además, los humanos cambiamos a lo largo de la vida. Por tanto, parece que el futuro no está escrito, ni siquiera en los genes. Ya lo dijo el poeta Horacio: «No preguntes, Leucónoe, qué destino final han previsto los dioses para ti y para mí. Leucónoe, no juegues con los horóscopos babilónicos».

MODELOS ANIMALES DEL AMOR

Para entender el funcionamiento del cuerpo humano y combatir las enfermedades, los científicos utilizan desde hace un par de siglos modelos animales. Identifican un animal que se asemeje al ser humano en lo que respecta a los genes, a la química, al comportamiento o a la enfermedad que sean objeto de estudio, para experimentar con él sin los problemas éticos y logísticos que supondría hacerlo directamente con personas. Los modelos animales son versiones simplificadas de la realidad que permiten avanzar con rapidez y asumiendo pocos riesgos. Para el estudio de procesos cerebrales generales, lo normal es usar roedores, porque se reproducen con gran facilidad y son baratos de mantener. Para el estudio de procesos de alta complejidad se recurre a macacos o a monos capuchinos.

En el mundo del amor, uno de los modelos más utilizados es la comparación de dos especies de topillos: el topillo de la pradera, cuyo nombre científico es *Microtus ochrogaster* (*microtus* significa que tiene las orejas pequeñas; *ochrogaster*, que su vientre es de color amarillo ocre), y el topillo de Montana (*Microtus montanus*). Ambas especies son muy parecidas: viven en Norteamérica, son fundamentalmente herbívoras (se alimentan de hierbas, raíces y granos, además de algún insecto) y sus genes son idénticos en un porcentaje superior al 99 %. Sin embargo, son muy diferentes en cuanto a su vida en pareja. El *Microtus ochrogaster* es monógamo: dedica toda su energía a encontrar pareja y luego forma un vínculo de por vida. Las parejas pasan mucho tiempo juntas, acariciándose y limpiándose mutuamente el pelaje durante horas y construyendo su madriguera. Evitan encontrarse con otras posibles parejas. El macho ejerce de guardián de la hembra y cuando nacen las crías se convierte en un auténtico «padrazo». El topillo de Montana, por el contrario, no tiene ningún interés en las relaciones estables, sino que prefiere las esporádicas. Es promiscuo, infiel e intenta maximizar el número de parejas sexuales. Es el «malote» de los topillos.

Cuando los topillos de la pradera tienen sexo, liberan oxitocina y vasopresina. Si se bloquea la producción de estas hormonas, pasan a comportarse como sus primos de Montana. Sin embargo, si se les inyectan estas hormonas pero se les impide tener relaciones sexuales, siguen mostrando preferencia por la pareja elegida. En otras palabras, los investigadores pueden hacer que los topillos se enamoren, por decirlo así, con una inyección.

Se hizo el mismo tratamiento a base de oxitocina y vasopresina con el topillo de Montana, y no se observó ningún cambio. Resulta que el fiel topillo de la pradera tiene receptores para la oxitocina y la vasopresina en las regiones del cerebro asociadas con la recompensa y el refuerzo, mientras que el topillo de Montana carece de ellos. Por tanto, aunque se administre el mensajero de forma artificial, el mensaje se pierde si no existe «buzón» donde meterlo.

Los animales sienten bienestar al liberarse dopamina en el cerebro. De hecho, cuando una hembra de topillo de la pradera se aparea, el centro de recompensa de su cerebro experimenta un aumento del 50 % en el nivel de dopamina. Del mismo modo, cuando una rata macho tiene relaciones sexuales, se siente bien gracias a la dopamina. Aprende que el sexo es placentero y busca más encuentros. Pero, a diferencia de lo que sucede con el topillo de la pradera, las ratas no aprenden a asociar el sexo con una hembra en particular. Las ratas no son monógamas, al igual que ocurre con entre el 95 y el 97 % de las especies de mamíferos.

Aquí es donde entran en juego la vasopresina y la oxitocina. Son expresadas en regiones del cerebro que ayudan a elegir las características salientes utilizadas para identificar a los individuos. Si el gen de la oxitocina se elimina de un ratón antes de su nacimiento, ese ratón se convertirá en un amnésico social y no recordará a los otros ratones con los que se encuentre, por lo que se comportará igual con congéneres conocidos que con desconocidos. Lo mismo ocurre si se elimina el gen de la vasopresina.

Las ratas, los ratones y los topillos de la pradera se reconocen por el olor. Christie Fowler y sus colegas de la Universidad Estatal de Florida han descubierto que la exposición al sexo opuesto genera nuevas células nerviosas en el cerebro de los topillos de la pradera, en particular en áreas importantes para la memoria olfativa. Es posible que los topillos de la pradera se formen una «imagen» olfativa de sus parejas, el equivalente en los roedores de recordar la personalidad de un ser humano, y vinculen esta memoria olfativa con el placer. Aparentemente, la respuesta no es la misma con otros individuos; la sensación es mucho más placentera con la pareja.

Larry Young y sus colegas, otro grupo interesado en estos mismos roedores, argumentan que los topillos de la pradera se hacen adictos a su pareja a través de un proceso de impresión sexual mediado por el olor. Además, sugieren que el mecanismo de recompensa involucrado en esta adicción puede haber evolucionado de manera similar en otros animales monógamos, incluidos los humanos, con el fin de regular la unión de las parejas.

Los estudios en humanos han encontrado mucha variabilidad en el gen que codifica el receptor de la vasopresina. Quizá por eso hay individuos más predispuestos a tener una relación estable, mientras que otros comparten su vida con un número mayor de personas. Algunos científicos sostienen que en poco tiempo seremos capaces de secuenciar los genes de una persona y saber las posibilidades de que sea infiel, tienda a la promiscuidad o bien sea propensa a tener relaciones estables.

¿Podremos corregirlo? Tal vez, pero habrá gente que no quiera cambiar su «forma de ser», y además un mundo donde todos fuéramos iguales sería muy aburrido. Los científicos han reforzado la capacidad de los topillos de las praderas para establecer un vínculo estrecho con su pareja aumentando los receptores involucrados más relevantes. En 1999 un equipo de investigadores transfirió el gen del receptor del topillo de las praderas a un ratón normal, promiscuo por naturaleza. El resultado fue que el ratón transgénico era mucho más sociable con su pareja; no llegaba a convertirse en monógamo, pero se mantenía cerca del mismo individuo mucho más tiempo. Mediante la manipulación de un único gen solo es posible cambiar unos pocos comportamientos, pero alterar varios genes de la misma persona podría tener consecuencias de mayor envergadura.

Un último comentario que mueve a la reflexión: la manipulación genética en un individuo adulto es muy compleja porque implicaría corregir billones de células. Evidentemente, sería mucho más fácil si la manipulación se llevara a cabo en el momento de la concepción del nuevo ser, pues bastaría con «trastear» una sola célula, el óvulo o el espermatozoide o el cigoto, para obtener esa variante génica en todas las células del descendiente. Si consideramos deseables las características de la fidelidad, la estabilidad, el compromiso con la pareja y el cuidado de la prole, ¿estaríamos dispuestos a permitir la manipulación genética de nuestros hijos para fortalecer o asegurar ese perfil? A día de hoy es ciencia ficción, pero no creo que falte mucho para que sea una posibilidad real.

LAS BASES DEL AMOR

¿Qué cosa es el amor? ¿Qué dicen de él los hombres?

Lo más dulce, oh hija, y al mismo tiempo lo más amargo.

EURÍPIDES, *Hipólito*

LA FORMACIÓN DEL VÍNCULO

Cuando nos referimos a los animales, en vez de hablar de amor solemos utilizar expresiones como «formación del vínculo» o «establecimiento de la pareja». Pero si se observa el comportamiento de una pareja de topillos de la pradera, se aprecia lo mucho que se parece a una relación amorosa. El topillo de la pradera conserva la misma pareja toda la vida. Los dos progenitores cuidan de las crías, y si uno de ellos desaparece, el otro renuncia a buscar un nuevo compañero. Sin embargo, solo del 3 al 5 % de los mamíferos son monógamos.

Como hemos visto con el topillo de Montana, si comparamos cierto comportamiento con el de otras especies cercanas, como el microto de Pensilvania (*Microtus pennsylvanicus*), un roedor solitario y promiscuo, conoceremos mejor sus bases biológicas. Cotejando los cerebros de estas especies de roedores, evolutivamente bastante próximos, es decir, parientes cercanos, los científicos han aprendido mucho sobre el sustrato cerebral del establecimiento del vínculo. Uno de los experimentos consistía en colocar a un roedor en el espacio central de una instalación con otros dos espacios adyacentes, en uno de los cuales se encontraba la pareja del primer animal y en el otro un extraño. Los espacios estaban conectados a través de tubos. Se consideraba que el vínculo era más intenso cuanto más tiempo pasaba el roedor en el espacio que albergaba a su pareja. No es de extrañar que el estímulo más potente para la formación del vínculo sea el sexo, pero algunos topillos de la pradera se mantienen en pareja simplemente para vivir juntos, aunque no se les permita tener relaciones sexuales.

Dos de las sustancias químicas que ya hemos visto, la oxitocina y la vasopresina, controlan la formación y la expresión de los vínculos en estos animales. Ambos neurotransmisores son importantes para el reconocimiento social. La oxitocina se libera en muchos mamíferos durante la estimulación de la vagina o el cuello del útero, tanto en el sexo como en el parto. En numerosas especies interviene en la formación del vínculo entre la madre y su cría, y parece ser más importante para el establecimiento de la pareja en hembras que en machos. Por su parte, la vasopresina está involucrada en diversos comportamientos masculinos, incluida la agresión, el marcaje olfativo del territorio y el cortejo, y por lo visto es la principal hormona del vínculo en roedores machos. No obstante, cualquiera de estas dos sustancias puede inducir la formación de vínculos de pareja en roedores, tanto machos como hembras. La infusión de uno de estos neurotransmisores en el cerebro hace que un animal se una al otro después de una breve exposición, incluso sin sexo.

Los datos demuestran que los monógamos topillos de la pradera tienen en varias áreas cerebrales clave más receptores para ambos neurotransmisores que los promiscuos microtos. Las dos regiones encefálicas que parecen revestir más importancia para el establecimiento del vínculo con la pareja se hallan en el centro del cerebro: el núcleo accumbens, con una alta densidad de receptores para la oxitocina, y el pálido ventral, con una alta densidad de receptores para la vasopresina. Si se bloquea uno de estos grupos de receptores, las parejas no se forman igual que si se bloquean los receptores de oxitocina en la corteza prefrontal o en los receptores de vasopresina del septo lateral de los machos. Todas estas regiones forman parte del circuito de recompensa. La liberación de dopamina en este circuito es fundamental para responder a las recompensas naturales, como la comida o el sexo, y a las drogas.

EL AMOR CIEGO

Hay individuos que son calificados de «atractivos» por millones de personas. Podríamos pensar que la atracción es algo objetivo, mensurable, sobre lo cual se puede llegar a un acuerdo. Sin embargo, el amor es mucho más que atracción. En general nos cruzamos con cientos o incluso miles de personas cada semana, y muchas de ellas son atractivas, pero el amor es un suceso excepcional, y no es raro encontrar hombres y mujeres que comentan que apenas han conocido el amor, algunos ni siquiera una sola vez en la vida.

¿Es el amor una amistad con deseo sexual? La amistad comparte muchas características con el amor: confianza, resonancia emocional, compañía, cierta intimidad, preocupación por el estado del otro, afinidad. Pero el amor suma dos deseos poderosos: consumación y perpetuación. La consumación en el amor es diferente a la del sexo. En el sexo suele ser el orgasmo; en el amor, una forma de posesión, de pertenencia, de unión. En cuanto a la perpetuación, en la amistad no existe porque no nos ponemos un objetivo, dura lo que dura (a veces, toda la vida). En el amor, en cambio, sí nos imponemos esa perpetuidad. Cuando de verdad estamos enamorados, queremos que la relación perdure. Así pues, podríamos decir que el amor es eterno (mientras dura).

Los factores que hacen que nos enamoremos de una persona son enormemente diversos: los ojos, la sonrisa, la voz; la personalidad, la conversación, la amabilidad, la seguridad en sí misma. Hay quien se siente atraído por cierta sensación de riesgo, por aquel que parece inconquistable, incluso peligroso, es decir, por el típico malote. Luego hablaremos de la atracción, porque es una parte imprescindible del amor.

El amor es a fin de cuentas una relación bidireccional, depende tanto de las características del ser amado como de lo que busca cada uno. Hay quien piensa que tenemos un instinto natural hacia lo bueno y lo bello. También estamos marcados por nuestra experiencia: nos fijamos en aquellos cuya personalidad e incluso cuyo físico nos evocan a nuestro padre o a nuestra madre, a alguien que nos cuidó de niños con ternura. Parece que hay una base para el amor, que nos gusta un estilo de persona determinado por aquellos que nos quisieron en nuestra infancia.

Que el amor es ciego es una idea que atraviesa las épocas y las culturas. Esta ceguera tiene dos caras: impide ver los defectos de la persona amada, pero también los encantos de cualquier otro individuo. Sin embargo, a menudo se dice que el amor proporciona una visión clara, perspicaz, más profunda. Deseamos que nos quieran por cómo somos y confiamos en que la persona amada nos vea en nuestra plenitud, sepa distinguir nuestras cualidades a pesar de nuestras torpezas, de nuestro nerviosismo, incluso de la traición a nuestra forma habitual de ser y comportarnos. En el amor queremos agradar, pero nos asusta alterar demasiado nuestra forma de ser.

Para eso es fundamental otro aspecto de la relación amorosa: la reciprocidad. Damos, pero también queremos recibir. El amor en su grado superlativo produce un estado de *éxtasis*, palabra que etimológicamente significa 'fuera de sí'. Esa sensación de desprotección, esa necesidad de salir de uno mismo hacia el otro puede alimentar las dudas, el miedo, la inseguridad, la ansiedad. Algunos enamorados viven con el temor constante de defraudar a su pareja. ¿Y el amor no correspondido? Sería el menos egoísta, pues la entrega, la generosidad no procurarían ninguna recompensa. Pero no es eso lo que queremos.

Otro aspecto de esa ceguera es la confianza. En su soneto 138, Shakespeare escribe: «Cuando mi amor me jura que está hecha de verdad, la creo, aunque sé que miente». ¿Puede haber algo bueno en la mentira? Las expectativas de los enamorados son a menudo irracionales. Se puede prometer la Luna, ofrecer lo que no está en tu mano, de manera que solo el autoengaño protege a aquel cuyas expectativas son imposibles de cumplir.

EL COMIENZO DEL AMOR

La experiencia del amor es sorprendente. Vivimos felices en nuestra infancia, jugando con nuestros amigos del alma, y de repente cambiamos. Las hormonas empiezan a fluir por nuestras venas y arterias, nos fijamos en otra persona y sentimos algo especial: nos enamoramos. ¿Qué es lo que nos pasa? De una forma titubeante al principio, pero cada vez con más confianza y determinación, todo nuestro universo personal, nuestra escala de prioridades, se focaliza en esa persona mediante la actividad neuronal. Y ya nada vuelve a ser lo mismo. Es posible que la relación no cuaje, que el verano termine y cada uno siga un camino diferente, o que por el contrario la relación se mantenga y esa atracción de la adolescencia se consolide en los años siguientes. En cualquier caso, el amor nos cambia y nos deja huella. La atención se centra en esa otra persona y surge el deseo. Queremos estar con ella a toda costa y nos notamos distintos, no nos cansamos de pasar tiempo juntos, todo lo que dice nos parece inteligente o divertido, sentimos que nada más tiene importancia. Si somos correspondidos, alcanzamos una felicidad incomparable; si somos ignorados o rechazados, nos parece que la vida ya no tiene sentido.

Además de dispararse las emociones, se producen cambios físicos: los ojos brillan, la piel se vuelve más suave, se adopta una expresión soñadora con la mirada perdida. Puede que sonriamos sin ton ni son, que nos sintamos fuertes e invencibles, capaces de todo, o por el contrario frágiles, con la lágrima fácil y a punto de derrumbarnos. Parte de esos cambios son para siempre: a partir de entonces, desde ese primer amor de la adolescencia, de vez en cuando volveremos a sentir lo mismo, reviviremos esas emociones. Maduraremos en muchas cosas, no solo en el amor. Y ese sentimiento se transformará en un amor duradero de pareja basado en el compromiso.

En los seres humanos, la atracción es larga en comparación con otras especies. Para nosotros, la fase pasional dura entre 12 y 18 meses, pero en muchos casos la relación evolucionará hacia un amor tranquilo y estable que se mantendrá durante años o décadas.

LOS DIEZ MANDAMIENTOS SOBRE CÓMO ENAMORAR

Estas listas suelen pecar de superficiales y simples, pues la realidad es habitualmente mucho más compleja, pero la ciencia es una buena herramienta para analizar cualquier comportamiento, también el amor.

PRIMERO: Habla con el lenguaje corporal. Estudios de Irenäus Eibl-Eibesfeldt demuestran que en el amor hay un sistema universal de signos no verbales que se sirve de la expresión facial, los gestos, la postura, la distancia y la mirada para iniciar una relación. Tiene una fuerte base biológica, es válido en cualquier sociedad —un alivio si tu tipo son las japonesas o los australianos— y permite establecer puentes amorosos transmitiendo mensajes elementales como atracción, repulsa, superioridad, timidez o temor, entre otros muchos. Como ocurre en otras especies de primates, una postura social de sumisión e interés, acompañada de una sonrisa, transmite una imagen atractiva y no amenazante que agrada a las parejas potenciales. De este modo, antes de que nuestra boca emita la primera palabra, nuestro cuerpo ya ha enviado infinidad de señales visuales (también olfativas). Se estima que cuando nos encontramos con un desconocido, la impresión que le causamos depende en un 55 % de la apariencia y el lenguaje corporal, en un 38 % de la forma de hablar y tan solo en un 7 % de lo que realmente decimos. Los datos científicos nos revelan que hay una serie de pasos sencillos para decirle «me gustas» a otra persona. Veamos algunos:

Adopta una postura abierta: nada de brazos cruzados ni de esconderse detrás de la mesa, sino una pose distendida, con los brazos ligeramente adelantados y una sonrisa, evitando los obstáculos entre tú y la otra persona.

Copia las posturas y los gestos del otro (apoya la cabeza en una mano, sujeta el vaso), pero por supuesto sin que sea demasiado evidente. Estos movimientos contribuyen a un sentimiento de afinidad. La mayoría de la gente no se da cuenta de que la estás imitando, sino que tiende a evaluar favorablemente esta actitud.

Elige posturas que refuercen tu masculinidad o feminidad. Por ejemplo, los hombres con las manos en los bolsillos y los codos hacia fuera dan la impresión de ser más fuertes. Por su parte, las mujeres con los hombros echados hacia atrás refuerzan la figura de su pecho, un elemento clave de la atracción en nuestra especie. Dentro de los comportamientos de cortejo, muchos animales despliegan una danza gestual, sincronizando gestos y movimientos. Trasladado a nuestro lenguaje corporal humano, podemos tomar un trago o sonreír al mismo tiempo que la otra persona.

Ah, y vístete bien. Investigadores de la Universidad de Upsala, en Suecia, pidieron a varias mujeres que se pusieran tres tipos de ropa: su mejor vestido, el más despampanante; el atuendo de todos los días, el que se ponían para ir al trabajo, y esos trapos tan cómodos que nos da pena tirar y que jamás nos atreveríamos a usar fuera de casa. Les fotografiaron el rostro, con una expresión neutra, ataviadas con cada uno de los tres tipos de ropa. A continuación, un grupo de hombres valoró el atractivo de aquellas mujeres en las tres fotografías. Pues bien, todos otorgaron la mayor puntuación a la versión de cada mujer con su mejor aspecto, pese a que la ropa no era visible. Parece que inconscientemente las mujeres proyectaban su aspecto general en la expresión del rostro. Sabían cuándo estaban más guapas y no podían dejar de transmitirlo.

SEGUNDO: Elige el color adecuado. Somos fundamentalmente visuales. En el mundo animal, la hembra suele mostrar alguna señal que indica fertilidad, normalmente de color rojo. Curiosamente, en la cultura popular hay muchas referencias que relacionan el rojo con el sexo, la pasión y la fertilidad, desde la ropa hasta la barra de labios, las rosas o los corazones pintados. El hombre reacciona inconscientemente a este color: se sitúa más cerca de la mujer que va vestida de rojo y le hace preguntas personales, incluso íntimas.

El rojo también funciona para los hombres. Algunos primates muestran este color en el rostro o en las nalgas después de una descarga de testosterona. No es eso lo que estoy sugiriendo. Esta hormona masculina rebaja la inmunidad, así que un individuo que ha enrojecido está transmitiendo a sus posibles parejas que es lo bastante fuerte para superar esa caída de sus defensas. Las mujeres estiman como más deseables y de mayor estatus a aquellos hombres que van vestidos de rojo, una camiseta, una corbata. Y si el rojo no es de tu agrado, existen otras maneras de aumentar el atractivo, como dejar claro que estás fuera del mercado. En general, las mujeres tienden a realizar acercamientos más descarados si saben que el hombre tiene pareja.

Las mujeres también suelen valorar más a un hombre si observan que otra mujer le sonríe con admiración o si lo ven rodeado de varias mujeres. Por el contrario, los hombres que ven a una mujer rodeada de otros hombres suelen valorarla como menos deseable. Es posible que las mujeres se comporten así por autoestima: si consiguen seducir a un hombre apartándolo de su pareja, se sienten más atractivas, más inteligentes, más hábiles. O tal vez prefieren a un hombre casado porque ya ha sido elegido como una buena pareja, mientras que las cualidades de uno soltero todavía están por demostrar En cuanto al instinto masculino que hace que los hombres eviten a las mujeres que están rodeadas de otros hombres, quizá tenga que ver con el miedo ancestral a ser engañado y a terminar dedicando nuestros recursos, tiempo y energía a criar al hijo de otro.

TERCERO: Comparte unas risas. Reír por la misma causa crea un sentimiento de cercanía con los extraños. Los psicólogos Arthur Aron y Barbara Fraley hicieron un experimento en el 2004 que consistía en que dos desconocidos hicieran juntos dos actividades, una neutra o simplemente agradable y otra hilarante, como por ejemplo que uno de ellos intentara aprender unos pasos de baile con los ojos vendados mientras el otro le daba instrucciones con una pajita de plástico en la boca que le distorsionaba la voz. Aron y Fraley observaron que las personas que reían con un desconocido se sentían atraídas hacia él o ella. Según el psicólogo Eduardo Jáuregui, «además de la capacidad de estimular la creatividad, la memoria, la toma de decisiones, la motivación y la generosidad, otros beneficios menos conocidos de la risa y el buen humor incluyen su poder de atracción y de reducir tensiones entre las personas».

CUARTO: No olvides la banda sonora. Shakespeare dijo que la música es el alimento del amor. La música afecta a nuestro estado de ánimo e incluso altera nuestra fisiología. En una cita, la selección musical puede crear un ambiente romántico o destruirlo. Los psicólogos James L. May y Phyllis A. Hamilton comprobaron en un estudio de 1980 que las mujeres, al evaluar fotografías de hombres, los puntuaban como más atractivos si sonaba rock suave de fondo, con sus ritmos de batería y tempo rápido, que en silencio o si sonaba jazz. La música puede tener un fuerte impacto en cómo te ven y en cómo ves tú a los demás.

QUINTO: Ocúpate de que el ambiente sea el adecuado. Nuestra comunicación está modulada por el espacio físico que nos rodea, y todos sabemos que algunos lugares resultan más románticos que otros. Lo mejor es elegir uno que se acerque a tu lugar ideal. Para una primera cita, es preferible que el espacio sea de colores suaves, como marrones, azules o verdes.

SEXTO: Mírale a los ojos. Volviendo a Shakespeare, el dramaturgo inglés escribió que el amor no reside en el corazón sino en los ojos. En realidad, está en el cerebro, pero no vamos a estropear una cita tan hermosa, y además la retina constituye una expansión cerebral. Establecer contacto visual es un acto con una fuerte carga emocional. Daniela Andrade tiene una canción que se titula «Mirarse uno al otro y caer enamorados». Encaja con numerosos experimentos que consisten en emparejar a extraños en una cafetería y pedirles que se miren a los ojos durante varios minutos. Funciona como por arte de magia: el contacto visual «incrementó los sentimientos de atracción, interés, calidez y excitación por el otro». De hecho, una de las parejas participantes terminó casándose. Análisis de neurocientíficos han permitido comprobar que al cruzar la mirada con otra persona se activan zonas del cerebro relacionadas con la recompensa. Pero si la mirada no es devuelta, lo mejor es dejarlo estar, pues de lo contrario podría ser percibida como un acoso.

SÉPTIMO: El miedo ayuda. Parece que existe una conexión cerebral entre la ansiedad, el sentido de alerta y la atracción. En la década de 1970 se hizo un experimento en el famoso puente colgante de Capilano, en Vancouver, de 136 metros de longitud y 70 metros de caída. Una atractiva mujer se acercaba a los turistas masculinos y les preguntaba si les importaba participar en el experimento. Si decían que sí, debían comentar brevemente la fotografía que ella les mostraba, algo sencillo pero con la complicación de encontrarse en un puente que oscila, se bambolea y cruje. Al terminar, la chica garabateaba su número de teléfono en un papel y se lo daba por si querían hacerle alguna pregunta. Como control científico, la misma chica hacía idéntico paripé con sujetos similares en un puente normal, es decir, cambiando solamente el escenario. El resultado fue que la chica recibió más llamadas de los hombres con los que había interactuado en el puente colgante que de aquellos a los que se había dirigido en el puente estable. La explicación es que el cerebro mezcla o confunde la excitación por el miedo con la excitación por otra persona. De ahí la afición de las parejas jóvenes por visitar un parque de atracciones o por practicar juntos deportes de riesgo. En otro experimento, se mostraron las mismas fotografías de individuos del sexo opuesto a las personas que acababan de bajarse de una montaña rusa y a aquellas que hacían cola para subirse. El resultado fue que a las personas del primer grupo les parecían más atractivos los mismos individuos. Y las parejas se sentían más atraídas después de ver una película de suspense que una más tranquila. Se cree que la adrenalina liberada por la sensación de peligro se mezcla con la excitación de la atracción (que asimismo libera adrenalina). Sin embargo, también ocurre lo contrario: las personas poco atractivas lo son aún menos en lugares o situaciones que entrañan algún tipo de peligro. En estos casos, la sensación de miedo potencia la incomodidad.

OCTAVO: Busca un filtro de amor. Desde hace miles de años ansiamos dar con un medio artificial para que la persona que nos gusta nos encuentre atractivos. Además de la oxitocina, de la que ya hemos hablado, otra sustancia candidata son las feromonas, si bien en ningún caso se han hallado evidencias científicas, lo que no impide que formen parte de un negocio multimillonario. La mayoría de las que se comercializan son un puro placebo o contienen feromonas de cerdo, por lo que no debería extrañarnos si atraen cierto tipo de compañías.

Se recomienda no probarlo en casa, pero estudios con topillos de la pradera muestran que al inyectarles la hormona vasopresina en el cerebro los machos se sienten más fuertemente ligados a las hembras. No creo que esto funcione en una discoteca: «Perdona, ¿te importaría que te perforase el cráneo para inyectarte una hormona en el cerebro?». Sin embargo, está muy extendida la costumbre de consumir alcohol en los encuentros sociales. La explicación más sencilla es que el alcohol desinhibe: nos volvemos menos prudentes, más habladores, más sociables, más promiscuos.

NOVENO: Queda para hacer deporte. Algunas drogas como la cocaína o las anfetaminas simulan la euforia del enamoramiento al aumentar los niveles de dopamina, algo que también se puede lograr de forma legal mediante el ejercicio físico, que además libera endorfinas, lo que se traduce en una sensación añadida de bienestar y placer. Así que salir a pasear, dar una vuelta en bicicleta, esquiar o nadar puede aumentar tus posibilidades de celebrar la festividad de San Valentín.

DÉCIMO: Regala bombones. El chocolate se extrae de la planta del cacao, cuyo nombre científico es *Theobroma cacao*. Pues bien, *theobroma* significa 'alimento de los dioses'. La feniletilamina, neurotransmisor conocido como la «molécula del amor» por inducir emociones de exaltación y euforia, está relacionada con los efectos positivos del ejercicio físico y se encuentra en el chocolate. Por eso los bombones nunca fallan (y si fallan, no pasa nada; están muy ricos).

LA PRIMERA CONVERSACIÓN

Teóricamente, en un primer encuentro tanto hombres como mujeres intentan valorar a su pareja potencial. El modo en que un hombre aborda a una mujer contribuye a establecer esta valoración inicial. Una característica básica del interés de una mujer por un hombre es si este parece inteligente. Unos investigadores pidieron a un grupo de mujeres que valorasen a unos hombres realizando distintas tareas, y el resultado fue que siempre elegían a aquellos que hacían algo asociado a un mayor cociente de inteligencia. El hombre inteligente no solo se percibe como más capaz de proveer a la familia, sino que también acostumbra a tener mejor salud y un esperma de más calidad. Así, en un intercambio de mensajes, una frase ingeniosa tiene más posibilidades de atraer la atención de una mujer que una frase hecha o un piropo. Gignac y su grupo han demostrado que algunas personas, los sapiosexuales, sienten un atractivo sexual por la inteligencia y las personas inteligentes.

Entonces, ¿por qué tantos hombres siguen usando expresiones chabacanas o explicando chistes malos? Se cree que por un proceso inconsciente con el que se provoca a la mujer para obtener rápidamente pistas sobre su personalidad o sus valores. Las respuestas suelen ser concluyentes: o bien un alejamiento inmediato, o bien una sonrisa de complicidad.

Unos investigadores presentaron a 381 voluntarios un total de 40 situaciones diferentes en las que un hombre abordaba a una mujer, y les pidieron que valoraran cuál tendría más posibilidades de éxito con ellos mismos. La conclusión fue que las mujeres extrovertidas tendían a valorar más el sentido del humor, y que las que solían tener relaciones esporádicas preferían las expresiones con cierta carga sexual y reaccionaban favorablemente a los cumplidos. Si una frase no es bien recibida, lo más probable es que no haya compatibilidad, que no salte la chispa ni se produzca la sintonía necesaria. Entonces, ¿qué es lo que mejor funciona? De las 40 situaciones, la mejor valorada era aquella en la que el hombre mostraba interés por algo que rodeaba a la mujer, como cuando le pedía consejo sobre una guía de viajes en una librería. Podemos pensar que esta situación entraña interés, respeto, gustos comunes, curiosidad y quizá, de manera subliminal, una buena situación económica y disponibilidad para disfrutar. El humor también suele funcionar en un primer acercamiento, porque la risa provoca la liberación de hormonas asociadas al placer y al vínculo social. Sin embargo, hay que utilizarlo con mesura, pues de lo contrario el aspirante podría llegar a ser calificado de baboso o patético, como ocurre con aquellos que abusan de los cumplidos. En una de las situaciones peor valoradas, el hombre decía: «Tus ojos son azules como el mar. Y yo me pierdo en el mar», una frase que es una estrofa de la canción *Cute* de Stephen Jerzak.

También son muy efectivos aquellos gestos comunicativos básicos que denotan interés, como levantar las cejas o asentir a lo que el otro está diciendo, o seguridad y vigor. Los gestos parecen ser más potentes que las palabras, pues surten efecto incluso cuando se combinan con afirmaciones inconvenientes como «las personas mayores son unas pesadas».

Hay distintas formas de ligar: la «tradicional», en la que el hombre es quien lleva la iniciativa e intenta obtener de la mujer una respuesta cada vez más clara; la «sincera», en la que se adopta una apertura veraz y se trata de construir una base de respeto mutuo y un vínculo emocional natural; la «juguetona», en la que se procura que la relación sea divertida, por lo que el comportamiento es ligero y superficial; la «física», en la que predomina el lenguaje corporal y la proximidad física; y la «educada», en la que los avances son cautelosos y se caracterizan por la formalidad. ¿Cuál es más efectiva? A los 5000 participantes de un estudio online se les pidió información sobre su forma de ligar, su personalidad y su historial de relaciones. Las formas de ligar que parecían más efectivas eran la «sincera» y la «física». El estilo «sincero», que en muchos casos había conducido a las relaciones amorosas más duraderas, se basaba en conversaciones personales y privadas con un individuo que de entrada ya había suscitado un interés romántico. El estilo «físico» se asociaba a relaciones establecidas con mayor rapidez y a una mayor química y conexión emocional con la pareja; al fin y al cabo somos mamíferos: nos gusta el tacto y el roce de la piel, siempre que sea a la velocidad adecuada.

LA ENCUESTA DEL AMOR

En abril de 1997, un grupo de investigación formado por Arthur Aron, Edward Melinat y otros científicos de varias universidades norteamericanas publicó un artículo en el *Personality and Social Psychology Bulletin* titulado «The Experimental Generation of Interpersonal Closeness: A Procedure and Some Preliminary Findings» (La generación experimental de la proximidad interpersonal: un procedimiento y algunos resultados preliminares). Su objetivo era determinar si la asociación romántica de dos individuos y el desarrollo de su relación se sustentan en variables analizables y manejables. En otras palabras, pretendían desarrollar científicamente una metodología para analizar una relación de pareja y su evolución. (Este grupo de investigación, especializado en el análisis psicológico de las relaciones amorosas, ha publicado artículos científicos con títulos tan sugerentes como: «La base neural del amor romántico a largo plazo», «Motivaciones para un amor no correspondido» o «Prototipo del aburrimiento en una relación»).

Aron y sus colegas sostienen algo en lo que muchos estamos de acuerdo: que un aspecto clave en el avance hacia una relación de pareja es que el proceso de apertura emocional sea sincero, recíproco, respetuoso, cada vez más profundo y sostenido en el tiempo. La intimidad es un proceso en el que, tras «abrirse» al otro, cada uno siente que su esencia más personal es aprobada, entendida, respetada y valorada por la pareja. La idea de estos investigadores fue reproducir dicho proceso haciendo que dos desconocidos hablaran de asuntos cada vez más personales siguiendo ciertas pautas. De este modo convirtieron algo tan impredecible como el inicio de un noviazgo en un experimento de laboratorio.

Los sujetos, estudiantes universitarios voluntarios, eran emparejados por los investigadores y debían sentarse separados de los demás participantes en un espacio agradable. Las parejas carecían de información sobre los objetivos del estudio. Para evitar que acudieran al encuentro con ideas preconcebidas, el anuncio solo decía: «Buscamos voluntarios para un estudio de interacción social en el que se participará en parejas». Tras someter a los voluntarios a varias encuestas y entrevistas, los emparejamientos, siempre entre personas que no se conocían, se diseñaron cuidadosamente para evitar situaciones que generasen un rechazo de partida. Así, excluyeron a quienes tuvieran posturas opuestas en asuntos delicados para ambos (como que uno fumara y el otro odiara el tabaco) o criterios muy diferentes sobre temas que para uno de los dos revistiera especial importancia (como la manera de vestir o las ideas políticas).

En el experimento, cada pareja debía responder durante 45 minutos a un cuestionario diseñado para que ambos se sinceraran y progresivamente se ganaran la confianza del otro. Por turnos, uno leía una pregunta en voz alta y los dos contestaban. Como control científico, se formaron dos grupos de parejas: a las de un grupo les asignaron una encuesta que podríamos llamar de «intimidad progresiva»; a las del otro, una encuesta de extensión similar pero con preguntas neutras que dieran pie a una «conversación trivial o impersonal». Después, los estudiantes universitarios seguían cada uno su camino, aunque se los sometía a varios cuestionarios independientes a lo largo de las semanas posteriores. Siete semanas después debían pasar un examen final.

¿Te atreves a contestar la «encuesta del amor» junto a una persona con la que tengas afinidad? Ahí va:

1. Si pudieras elegir a la persona que quisieras de todo el mundo, ¿con quién te gustaría cenar?
2. ¿Te gustaría ser famoso? ¿De qué manera?
3. Antes de hacer una llamada telefónica, ¿ensayas lo que vas a decir? ¿Por qué?
4. ¿Cómo sería un día perfecto para ti?
5. ¿Cuándo fue la última vez que cantaste para ti? ¿Y para alguien más?
6. Si pudieras vivir hasta los 90 años y conservar la mente o el cuerpo de tus 30 años durante los últimos 60 años de tu vida, ¿con qué te quedarías, con la mente o con el cuerpo?
7. ¿Tienes un presentimiento secreto de cómo vas a morir?
8. Nombra tres cosas que te parezca que tú y yo tenemos en común.
9. ¿Qué aspecto de tu vida te hace sentir más agradecido?

10. Si pudieras cambiar alguna cosa sobre la manera en que te criaron, ¿qué sería?

11. Tómate cuatro minutos y cuéntame la historia de tu vida con el mayor detalle posible.

12. Si pudieras despertar mañana con una nueva cualidad o habilidad, ¿cuál preferirías?

13. Si una bola de cristal pudiera decirte la verdad sobre ti mismo, sobre tu vida, sobre el futuro o sobre cualquier otra cosa, ¿qué te gustaría preguntar?

14. ¿Hay alguna cosa que hayas soñado hacer durante mucho tiempo? ¿Por qué no lo has hecho?

15. ¿Cuál es tu mayor logro en la vida?

16. ¿Qué es lo que más valoras en una amistad?

17. ¿Cuál es tu recuerdo más valioso?

18. ¿Cuál es tu recuerdo más terrible?

19. Si supieras que en un año vas a morir de repente, ¿cambiarías algo de cómo vives ahora? ¿Por qué?

20. ¿Qué significa para ti la amistad?

21. ¿Qué papel juegan el amor y el afecto en tu vida?

22. De forma alternativa, señala algo que consideres una característica positiva de la otra persona. Señala un total de cinco características.

23. ¿Hasta qué punto es cercana y cariñosa tu familia? ¿Crees que tuviste una infancia más feliz que la mayoría de la gente?

24. ¿Cómo te sientes sobre tu relación con tu madre?

25. Enuncia tres afirmaciones sinceras que empiecen con la palabra «nosotros». Por ejemplo: «Nosotros estamos sintiendo…».

26. Completa la frase: «Me gustaría tener a alguien con quien pudiera compartir _____».

27. Imagina que te conviertes en amigo íntimo de la otra persona. Comparte con ella algo que sería importante que supiera.

28. Dile a la otra persona algo que te guste de él o ella. Esta vez sé totalmente sincero: dile algo que no le dirías a alguien a quien acabaras de conocer.

29. Comparte con la otra persona un momento vergonzoso de tu vida.

30. ¿Cuándo fue la primera vez que lloraste frente a otra persona? ¿Y a solas?

31. Dile a la otra persona algo más que te guste de él o ella.

32. ¿Qué te parece demasiado serio, si es que lo hay, para burlarse de ello?

33. Si fueras a morir esta noche sin oportunidad de comunicárselo a nadie, ¿te arrepentirías de no haberle dicho algo a alguna persona? ¿Por qué no se lo has dicho todavía?

34. Tu casa, con todas tus pertenencias, se incendia. Después de salvar a tus seres queridos y a tu mascota, tienes tiempo de regresar para salvar de las llamas una sola cosa. ¿Qué sería? ¿Por qué?

35. De todas las personas de tu familia, ¿de quién te afectaría más su muerte? ¿Por qué?

36. Comparte un problema personal y pídele consejo a la otra persona. Pídele también que te diga cómo le parece que te hace sentir el problema elegido.

Como control científico se usaron preguntas que no suscitaban ese espacio de proximidad e intimidad como, por ejemplo, las siguientes:

- ¿Cuándo fue la última vez que caminaste más de una hora? Describe adónde fuiste y qué viste.
- ¿Cuál ha sido el mejor regalo que has recibido y por qué?
- Si tuvieras que cambiar de país, ¿adónde te gustaría ir? ¿Qué es lo que echarías de menos de tu país?
- ¿Cómo celebraste el último Halloween?
- ¿Lees el periódico a menudo? ¿Cuál prefieres? ¿Por qué?
- ¿Cuál sería un buen número de gente para vivir en un piso compartido de estudiantes? ¿Por qué?

La prueba terminaba con la siguiente tarea: cada pareja debía mirarse a los ojos, sin hablar, durante cuatro minutos.

El análisis posterior encontró que de las 58 parejas participantes en el estudio, el 57 % habían vuelto a conversar, el 35 % habían hecho algo juntos y el 37 % se habían sentado juntos en clase a partir de entonces. Una de las parejas se casó seis meses después del experimento e invitó a todo el laboratorio a la ceremonia.

La escritora Mandy Len Catron decidió hacer el mismo experimento con un hombre al que conocía de la universidad y con el que coincidía en el gimnasio. Él le había comentado, en un ambiente distendido, que por qué nos enamoramos de una persona y no de otra, y ella le había hablado del estudio de Aron. Entonces acordaron probarlo. Explica Catron:

> La mayoría de nosotros pensamos en el amor como algo que nos pasa. Caemos. Tenemos un flechazo. Lo

que más me gusta de este estudio es que asume que el amor es una acción. Asume que lo que importa en mi pareja me importa a mí porque tenemos al menos tres cosas en común.

Sabemos que la biología es importante para el amor: las hormonas, los neurotransmisores y quizá las feromonas influyen en muchos aspectos del amor sin que seamos conscientes de ello. Sabemos que, una vez superada la etapa de mirar a alguien a distancia, es fundamental una nueva interacción mucho más cercana: hablar. Y entonces es crucial lo que decimos y cómo lo decimos, la voz y los gestos que lo acompañan, todo nuestro lenguaje corporal y nuestra inteligencia y personalidad en acción. La tercera fase empieza cuando de la charla impersonal, la que mantenía el grupo de control del experimento, la del «¿estudias o trabajas?» o «¿vienes mucho por aquí?», se pasa a un acercamiento. En ese momento se está dispuesto a compartir, se desea conocer a la otra persona y que esta te conozca. Se trata de una fase de confianza e intimidad, el sol y el agua con los que crece la semilla de la relación plantada en las fases anteriores.

La pregunta obvia es si Catron y su amigo se enamoraron, y la respuesta es que así fue. Ella dice que quizá sea exagerado atribuirle todo el mérito a la encuesta, pues de todos modos podría haber terminado sucediendo, dada la afinidad y atracción que existía entre ambos, pero

el estudio nos dio una vía hacia una relación que sentíamos que era posible. Pasamos semanas en el espacio íntimo que creamos aquella noche, esperando a ver en qué se convertía. El amor no es algo que nos ocurriera, sin más. Nos enamoramos porque cada uno de los dos decidió hacerlo.

Si el lector decide hacer el experimento, que sepa que es bajo su entera responsabilidad. El autor no se hace responsable de los posibles resultados; basta con que me mande una botella de champán para celebrarlo si ha tenido éxito.

LA MEDIDA DE LA PASIÓN

Las personas que se aman siempre juegan a cuantificarlo: «¿Cuánto me quieres?», «¿a quién quieres más, a papá o a mamá?», «si te digo una cosa, ¿me querrás menos?». Cualquier respuesta que no entrañe que somos el más amado del mundo nos rompe el corazón. Aun así, cabe preguntarse en qué lugar del espectro del amor se sitúa nuestra relación. La Escala de Amor Apasionado permite medir el nivel de pasión de una relación. Basta con puntuar del 1 al 9 cada afirmación de la siguiente lista, siendo 1 «totalmente falso» y 9 «totalmente cierto»:

1. Sentiría una profunda desesperación si mi compañero me dejara.
2. A veces siento que no puedo controlar mis pensamientos; estoy obsesionado con mi pareja.
3. Mi compañero siempre parece estar en mi mente.

4. Quiero que mi pareja me conozca, que sepa cuáles son mis pensamientos, mis miedos y mis esperanzas.
5. Busco ansiosamente señales que indiquen que mi pareja me desea.
6. Mi pareja ejerce sobre mí una poderosa atracción.
7. Me deprimo mucho cuando las cosas no van bien en la relación con mi pareja.
8. Me siento feliz cuando hago algo para hacer feliz a mi pareja.
9. Prefiero estar con mi pareja que con cualquier otra persona.
10. Me pondría celoso si pensara que mi pareja se está enamorando de otra persona.
11. Anhelo saberlo todo sobre mi compañero.
12. Quiero a mi pareja física, emocional y mentalmente.
13. Tengo un apetito insaciable de afecto por parte de mi pareja.
14. Para mí, mi pareja es la pareja romántica perfecta.
15. Siento que mi cuerpo responde cuando mi pareja me toca.

Estos serían uno posibles rangos de amor en función de la puntuación total:

106-135 puntos = Salvajemente, incluso imprudente y locamente enamorado.
86-105 puntos = Apasionado, pero menos.

66-85 puntos = Ocasionales estallidos de pasión.
45-65 puntos = Pasión tibia e infrecuente.
15-44 puntos = La emoción se ha ido.

Una vez conocido el resultado, se puede empezar a trabajar para aumentar la pasión en la relación. Hay que tener en cuenta que, aunque la escala la utilizan ampliamente los investigadores del amor, el cuestionario no tiene en absoluto la última palabra sobre la salud de una relación. Se puede hacer por pura diversión y dejar que las preguntas nos animen a hablar del asunto con la pareja. Después de todo, nunca se sabe adónde puede llevar la conversación.

Amor a primera vista

Es una experiencia muy común: te rodea un montón de gente y de pronto te fijas en alguien y tu vida cambia para siempre. Una de cada tres personas dice que se enamoró súbitamente de su pareja en cuanto la vio. Recuerdo a un amigo que en las fiestas del pueblo me dijo: «¿Ves a esa chica que viene por ahí, la del vestido amarillo? Con esa me voy a casar». Pues bien, llevan treinta años juntos. Y, sin embargo, la ciencia desconfía de estas historias. La investigación se suele centrar en personas que se encuentran en las fases iniciales de una relación amorosa, y el enamoramiento es un proceso que tiende a distorsionar los recuerdos y la comprensión. Los enamorados son proclives a rememorar el inicio de su relación con un color exageradamente positivo; esta circunstancia se debe a nuestro sistema de protección y compromiso, que nos impulsa a seguir adelante en algo tan ambiguo y complejo como una relación de pareja.

Florian Zsok y su equipo de la Universidad de Zúrich pusieron en marcha una serie de experimentos en los que unos voluntarios veían a ciertas personas por primera vez. Cada uno rellenaba un cuestionario en el que debía responder cómo veía a esas personas. El primer experimento estaba diseñado para imitar las citas online. A 282 individuos se les mostraron fotografías de internet de seis personas del género que los atraía y se exploraron los sentimientos que les suscitaban. A aquellos que tenían pareja (la mitad de los participantes) se les preguntó cómo habían sido los primeros días de esas relaciones reales.

En otro experimento se estudiaron las reacciones de 64 personas que se encontraban cara a cara, ya fuera en un bar de citas rápidas o en un evento gastronómico especialmente preparado para que la gente formara grupos de cuatro individuos en un ambiente relajado.

De los 396 voluntarios que participaron en todas las etapas del estudio, 32 dijeron haber experimentado amor a primera vista, pero este sentimiento no fue recíproco. El análisis de las encuestas, como cabía esperar, mostró que la gente decía haber sentido un flechazo sobre todo cuando el otro era alguien físicamente atractivo. Tendemos a asignar atributos positivos a las personas de buen aspecto, lo que se conoce como «efecto halo». Esto podría ayudar a explicar lo que sentimos cuando nos estamos enamorando.

Según Anna Machin, de la Universidad de Oxford, lo que se siente en esa fase inicial no es amor a primera vista sino deseo a primera vista, que en gran medida es subconsciente. El amor es un proceso posterior, que forma parte de una realidad más compleja e implica una reflexión consciente sobre la relación con esa persona y la decisión de seguir o no adelante con ella. Así pues, es muy difícil que se establezca esa conexión al poco de encontrarse dos sujetos. Entonces, ¿por qué algunas personas creen que han vivido esa experiencia, que han tenido amor a primera vista? Para investigadores como Machin, se trata más bien de un fenómeno subconsciente destinado a reforzar la relación. Comentarle a nuestra pareja, veinte años después de haber iniciado la relación, que te enamoraste de ella el mismo momento en que la viste por primera vez es algo bonito que refuerza el vínculo. Otros estudiosos no están de acuerdo y piensan que realmente es eso lo que ocurre, y que en cualquier caso depende de a qué llamemos amor.

AMOR HOMOSEXUAL

La homosexualidad es la atracción romántica o sexual, o el comportamiento sexual, entre miembros del mismo sexo o género. También se refiere al sentido de la identidad de una persona basado en ese tipo de atracción, a las conductas relacionadas y al sentimiento de pertenencia a la comunidad que comparte tales preferencias.

La homosexualidad se ha considerado una paradoja evolutiva. Para que un rasgo se mantenga de generación en generación, debe pasar de padres a hijos y conferir algún tipo de ventaja evolutiva, una mejor adaptación a unas circunstancias cambiantes, es decir, una mayor supervivencia. Pero como una relación homosexual no puede dar lugar a descendencia propia, parece un contrasentido: si este rasgo hubiera aparecido aleatoriamente, habría desaparecido en una sola generación.

Afortunadamente, la sexualidad humana no es tan simple. La atracción entre personas del mismo sexo solo resultaría paradójica si clasificáramos a los seres humanos en dos categorías: si se sienten atraídos por el sexo opuesto o por el mismo sexo. En realidad, todos los estudios desde los trabajos pioneros de Alfred Kinsey y sus colegas en las décadas de 1940 y 1950 han concluido que existe un amplio espectro, desde una mayoría que se declara completamente heterosexual hasta una minoría que se identifica como exclusivamente homosexual. En medio hay muchas personas que se consideran bisexuales o bien principalmente heterosexuales u homosexuales. Asumiendo esta realidad, el enfoque cambia: ya no se trata de conocer cómo ha evolucionado la atracción por el mismo sexo, sino cómo lo ha hecho la variabilidad en la sexualidad.

No se sabe a ciencia cierta si los homosexuales y los bisexuales ven el amor de la misma manera que los heterosexuales. La mayoría de los estudiosos considera que los homosexuales tienen una historia y cultura propias que podrían incluir diferentes conceptualizaciones del amor. Sin embargo, cabe señalar que en un estudio de mujeres y hombres homosexuales y heterosexuales no se encontraron diferencias en el orden de prioridades al buscar una «pareja permanente». En algunas culturas y épocas (por ejemplo, en la Antigua Grecia), el amor homosexual era más exaltado que el heterosexual. De hecho, todas las personas, independientemente de su filiación sexual, también pueden diferir en sus puntos de vista sobre el amor y las preferencias en las relaciones amorosas.

Engel y Saracino (1986) elaboraron un cuestionario para evaluar varios aspectos del amor y la amistad, entre ellos la importancia relativa de las características asociadas a la persona amada y a las relaciones amorosas, y de las creencias asociadas al amor. En cuanto a la persona amada, se evaluaron: la proximidad residencial, los intereses comunes, las creencias religiosas, los valores, la educación, la edad, el sexo, la clase social, el origen étnico, la atracción física, la inteligencia, la honestidad, el afecto y la independencia económica; en cuanto a la relación amorosa: la intensidad emocional, la diversión o entretenimiento, el compromiso, la intimidad física, el entorno emocional, la exclusividad en la relación, la ausencia de celos, el respeto y el atractivo físico; y en cuanto a las creencias relativas al amor: la amistad, la intimidad sexual, la exclusividad sexual, la fidelidad sexual, el compromiso, las emociones compartidas y el reconocimiento religioso o legal. Para cada aspecto, los encuestados debían elegir una de las siguientes valoraciones: sin importancia, poco importante o muy importante.

Los resultados arrojaron que los heterosexuales, los homosexuales y los bisexuales coinciden en la mayoría de los aspectos analizados, pero difieren en su opinión sobre otros: la proximidad residencial, el origen étnico, la intimidad física, la ausencia de celos, la fidelidad sexual, la intimidad emocional y el reconocimiento religioso o legal de la relación.

TRIUNFADORES DEL AMOR

Cada año miles de parejas de todos los países del mundo se dan el «sí, quiero». Con estas sencillas palabras expresan el compromiso de tener una relación de por vida y el convencimiento de que sus sentimientos de alegría, amor y amistad perdurarán el resto de su existencia. Desgraciadamente, para mucha gente no es así. La mayoría de los matrimonios terminan en divorcio o en separación, o derivan en relaciones amargas y disfuncionales. En los países desarrollados, solo tres de cada 10 parejas casadas siguen siendo un matrimonio feliz 15 años después de la boda, aunque su relación haya evolucionado.

Algunos psicólogos estudiaron el aumento de divorcios que se produjo en la década de 1970. La famosa crisis económica de 1973 trajo consigo una crisis de pareja sin precedentes. Los divorcios crecieron a un ritmo nunca antes visto, y los estudiosos de las relaciones humanas llevaron al laboratorio a los matrimonios estables con la intención de observarlos y descubrir qué factores determinaban que una relación de pareja fructificara y prosperara. Pretendían saber si, como escribió Tolstói en el inicio de *Anna Karénina*, todas las familias felices se parecen, pero cada familia infeliz lo es a su manera.

John y Julie Gottman dirigen el Instituto Gottman, cuyo propósito es ayudar a las parejas a construir, proteger y mantener unas relaciones sanas basadas en las enseñanzas de la ciencia. Durante décadas preguntaron a miles de parejas cómo se habían conocido, qué conflictos habían afrontado juntos y qué recuerdos positivos compartían. Unos electrodos registraban su actividad cerebral mientras respondían a estas cuestiones, al tiempo que otros sensores analizaban la frecuencia del latido cardíaco, el flujo sanguíneo y la sudoración, señal de que se había activado el sistema nervioso periférico. Seis años después de este análisis los citaban de nuevo para comprobar si seguían juntos.

Con todos esos datos, los Gottman separaron a los matrimonios en dos grandes grupos: los «maestros del amor» y los «desastres». Los primeros, claro, eran los que seguían felizmente casados seis años después, mientras que los desastres o eran infelices o habían roto. Cuando revisaron los datos de la primera fase del estudio, vieron que había claras diferencias entre ambos grupos. Los desastres parecían tranquilos durante las entrevistas, pero su respuesta fisiológica contaba una historia muy diferente: el corazón les latía con rapidez, las glándulas sudoríparas estaban activas, y su flujo sanguíneo, acelerado. El resultado principal es que cuanto más activo estaba el sistema nervioso periférico durante la estancia en el laboratorio, con más rapidez se deterioraba la relación. El cuerpo de los desastres se encontraba en alerta, en una situación de lucha o huida. Tener una conversación con su pareja al lado suponía para ellos enfrentarse a un peligro, e incluso cuando hablaban de nimiedades, de su vida cotidiana, estaban prestos para atacar o repeler un ataque. Esta emoción generaba una respues ta defensiva del sistema nervioso y hacía que se comportaran de manera agresiva el uno con el otro: bastaba un simple comentario para activar una respuesta airada, y era común que se lanzaran pullas y saltaran chispas.

Los maestros del amor, por el contrario, mostraban un nivel muy bajo de alerta fisiológica. Estaban tranquilos y se sentían conectados el uno con el otro, lo que se traslucía en un comportamiento cálido y afectuoso, incluso cuando discutían. No es que los maestros del amor contaran por definición con una mejor base fisiológica que los desastres, sino que habían sabido crear un clima de mutua confianza e intimidad que les hacía sentirse física y emocionalmente a gusto.

El siguiente paso fue investigar por qué las parejas seguían una dirección u otra. Organizaron una especie de retiro vacacional de un día para 130 parejas de recién casados y observaron su forma de comportarse. Los Gottman hicieron un descubrimiento que podría explicar por qué algunas relaciones florecen mientras que otras se marchitan. A lo largo del día las parejas hacían peticiones para conectar, lo que los Gottman llamaban *bids* ('pujas' u 'ofertas'). Imaginemos, por ejemplo, que a la mujer le encantan las flores y le dice a su esposo: «Fíjate qué rosal tienen ahí». Lo hace esperando una respuesta, una señal de interés o apoyo, algo que los conecte, aunque sea por un momento. El marido tiene dos opciones: o bien hablar del rosal y acercarse a contemplarlo junto a su esposa, o bien cambiar de tema; es decir, aproximarse a su pareja o alejarse de ella. Aunque el ejemplo parezca irrelevante, muestra la salud de la relación. La mujer piensa que ese rosal es lo suficientemente importante para sacarlo a colación, y la cuestión es si el hombre reconocerá y respetará su oferta. Hacer tal cosa muestra interés en las preferencias del otro. Por el contrario, alejarse, no contestar o limitarse a una respuesta mínima, para continuar con lo que se está haciendo, supone el rechazo de la oferta. A veces incluso puede reaccionar con hostilidad, diciendo cosas como: «Déjame tranquilo, estoy leyendo».

Los Gottman vieron que, de media, las parejas que seis años después estaban divorciadas habían respondido acercándose a sus parejas el 30 % de las ocasiones, mientras que aquellas que seguían juntas alcanzaban un porcentaje del 87 %. Mediante el análisis de los datos predijeron con un 94 % de acierto qué parejas, heterosexuales u homosexuales, ricas o pobres, con hijos o sin ellos, se separarían y cuáles seguirían felizmente juntas.

Al final se trata de qué aportamos a la relación: ¿amabilidad y generosidad o egoísmo y hostilidad? Los maestros del amor, según Gottman, tienen el hábito mental de explorar constantemente el ambiente de la pareja en busca de aspectos que puedan valorar y agradecer, haciendo que el otro se sienta escuchado y atendido; construyen así una cultura de respeto y aprecio. Los desastres, por el contrario, solo están pendientes de los posibles errores que pueda cometer su pareja; con ojo escrutador, saltan a las primeras de cambio si el otro hace algo mal para denunciarlo y criticarlo.

El menosprecio es uno de los principales factores que destruyen una pareja. Las personas que se centran en criticar se pierden las cosas positivas que el otro aporta a la relación y ven aspectos negativos donde no los hay.

Aquellos que ignoran deliberadamente a su pareja o apenas responden a sus propuestas deterioran la relación, pues hacen que la otra persona se sienta invisible. Y aquellos que la tratan con desprecio no solo matan el amor, sino que incluso dañan la salud propia y la de la pareja, pues está comprobado que caen con más frecuencia en diferentes tipos de enfermedades.

La amabilidad y la estabilidad emocional son los indicadores más importantes de la satisfacción y la perdurabilidad de un matrimonio. La amabilidad hace que el otro se sienta cuidado, entendido y valorado, en definitiva, amado. Porque el amor también es generosidad. La Julieta de Shakespeare le dice a Romeo: «Mi recompensa no tiene límites, como el mar. Mi amor es profundo: cuanto más te doy, más tengo, porque ambos son infinitos». La evidencia científica señala que la amabilidad funciona también de esa manera. Cuando una persona recibe la generosidad y la amabilidad de otro o es testigo de ellas, se vuelve más generosa y amable, lo que en una relación lleva a entrar en un círculo virtuoso.

Hay personas que parecen más amables por naturaleza, pero en realidad es algo que, como un músculo, mejora si se ejercita. Cabe recordar que una relación requiere un trabajo constante. El ejemplo típico es aquella situación en la que uno de los miembros de la pareja necesita algo y el otro se siente demasiado cansado o distraído para atender su petición. En las parejas exitosas, sean cuales sean las circunstancias, uno siempre se las arregla para responder a las necesidades del otro.

El momento más difícil para poner en práctica la amabilidad es, sin duda, una pelea, por eso es entonces cuando cobra mayor importancia. Permitir una escalada de comentarios agresivos hasta perder el control puede causar un daño irreparable en una relación. Eso no significa que no podamos expresar nuestro malestar o enfado, incluso nuestra rabia, sino que la amabilidad debe prevalecer. En vez de lanzar toda la artillería pesada contra la pareja, es preferible explicar de forma tranquila por qué nos sentimos dolidos o estamos enfadados. Ese es el camino de la amabilidad. Los maestros del amor buscan explicaciones, intentan ponerse en el lugar del otro, le ofrecen una salida honrosa, hacen saber su malestar con respeto y cariño, mientras que los desastres dicen las cosas de manera hiriente. El mensaje, en fin, es claro: si quieres tener una relación exitosa, sé amable con humildad.

La amabilidad y la generosidad no tienen por qué ir ligadas a lo material (no hay que basarlo todo en regalitos). Es más interesante y productivo mostrarse generoso en lo que a las intenciones de la pareja se refiere. Si el hombre se deja la tapa del inodoro levantada, la mujer, en vez de pensar que lo hace a propósito, debería contemplar la posibilidad de que simplemente se le haya olvidado (aunque sea por enésima vez). La mujer que llega tarde a una cena romántica puede hacer sentir a su esposo que no valora el detalle de que él haya organizado esa salida, pero quizá la demora se debe a que la mujer se entretuvo en comprarle algo que le gusta para entregárselo durante la cena. Imaginémosla acudiendo a la cita toda contenta con su obsequio para encontrarse al marido de morros porque ha malinterpretado su comportamiento. Es importante darle al otro el beneficio de la duda. Interpretar las acciones de la pareja a la luz de una actitud generosa lima las asperezas de la vida cotidiana. La mayoría de las veces la intención es buena, aunque el resultado haya sido catastrófico, y eso es lo que cuenta de verdad.

También es importante saber responder a la necesidad que tiene el otro de compartir sus alegrías. Hay que reaccionar con la misma ilusión, no limitarse a un comentario banal o, peor aún, ignorar las buenas noticias o incluso sentir envidia. Todos sabemos que hay que estar al lado del otro cuando las cosas vienen mal dadas, pero la investigación científica ha puesto de manifiesto que para la calidad de la relación es más importante aún hacerlo cuando las cosas van bien. El modo de responder a las buenas noticias del otro puede tener consecuencias dichosas o funestas para la relación.

Un estudio de 2006 realizado por Shelly Gable y sus colegas analizó la manera en que los miembros de las parejas jóvenes abordaban las noticias positivas del otro y las clasificó en cuatro grupos: destructivo pasivo, destructivo activo, constructivo pasivo y constructivo activo. El destructivo pasivo ignoraba la buena noticia o la minimizaba. El destructivo activo le quitaba importancia, erosionaba su impacto y ponía en duda que fuera tan beneficiosa. El constructivo pasivo asumía la buena noticia sin más. El constructivo activo dejaba lo que estuviera haciendo y felicitaba de corazón a su pareja, le pedía que le contara más cosas, maravillado de su éxito, y manifestaba su admiración. En este último grupo, la respuesta permitía al otro saborear su alegría y daba a la pareja la oportunidad de fortalecer el vínculo al compartir la repercusión de la noticia. Que los dos miembros de la pareja adopten ese enfoque constructivo activo contribuye a que sigan juntos, pues se asocia a una mayor calidad de la relación y a una mayor intimidad.

El problema de muchas parejas es que el estrés va en aumento con el trabajo, el cuidado de los hijos, el trato con la familia política o las relaciones con los amigos. Cada vez dedican menos tiempo y esfuerzo a su relación, se acumulan los pequeños agravios y, en la mayoría de los matrimonios, los niveles de satisfacción se derrumban tras unos pocos años, pues la generosidad y la amabilidad, pilares de la relación amorosa, son dejadas de lado.

¿NOS AMA NUESTRO PERRO?

En Amazon se pueden encontrar unos 70 000 libros sobre perros (por cierto, muy pocos escritos por científicos). Nadie discute la capacidad única de los perros para entender nuestros deseos y comunicarse con nosotros. Algunos científicos, como el Dr. Wynne, autor de *Dog is Love*, no dudan en llamarlo amor. Al parecer, la razón del espectacular éxito de los perros es su habilidad para formar lazos con otras especies, no solo con los seres humanos. Cría a un perro con ovejas y amará a las ovejas, críalo con caballos y amará a los caballos. Críalo con seres humanos y…, sí, le encantarán los seres humanos.

La hipótesis más aceptada es que hace unos 15 000 años un lobo se acercó a los humanos porque nos había sobrado comida (siempre quedaban restos después de un festín a base de pata de mamut). A los humanos nos gustó aquel ser peludo y empezamos a encontrarle utilidad: nos ayudaba a cazar, nos avisaba de la presencia de intrusos, nos hacía compañía, nos daba calor en las noches de invierno y, aunque a nuestros oídos modernos suene fatal, en épocas de dificultades, o sea siempre, era una reserva de comida que no había que transportar porque se desplazaba sola. Así pues, el lobo se acostumbró a los hogares de los seres humanos, y estos contribuyeron a seleccionar aquellas características del animal que más les convenían: mansedumbre, obediencia, inteligencia. Curiosamente, la domesticación también alteró la morfología de los lobos: un hocico más corto, orejas caídas y falta de pigmentación en algunas zonas de la piel son rasgos presentes en muchas razas de perros. Estos cambios, que Darwin señaló por primera vez, se conocen como el «síndrome o fenotipo de domesticación». Arrimarse al ser humano no fue mala idea: por cada lobo que sobrevive en este planeta hay al menos 3000 perros.

El perro es el animal que comprende mejor las intenciones de una persona. La región de su cerebro que se activa cuando oye la voz de su amo es la misma que lo hace en el nuestro cuando queremos a alguien o deseamos algo. Esa imagen cerebral, por tanto, sugiere que nuestro perro nos ama. Más aún, el circuito de recompensa de los perros se activa de manera similar cuando le hacemos fiestas que cuando le damos su comida favorita. De hecho, algunos perros prefieren las caricias de su dueño que la comida. La hipersociabilidad de los perros, más que ninguna otra función cognitiva, es lo que los hace tan especiales para nosotros.

La conclusión es que los perros tienen sentimientos, aunque resulta demasiado osado asumir que son similares a los de los seres humanos. Pero también es un error creer que los perros tienen un nivel de sentimientos limitado, a mitad de camino entre un robot y una persona. Según Alexandra Horowitz, investigadora principal del Laboratorio de Cognición Canina del Barnard College, su experiencia emocional es mucho más elaborada que la nuestra. Un estudio con perros identificó genes que en los humanos están asociados al síndrome de Williams, uno de cuyos síntomas es una sociabilidad extrema e indiscriminada. Estos genes, que explicarían la mayor sociabilidad de los perros en comparación con los lobos, se deberían a la selección llevada a cabo por los humanos, que a lo largo de miles de años de domesticación favorecieron a los perros amistosos y, de este modo, las variantes génicas asociadas, salvando las distancias, con el síndrome de Williams. Sin saber nada de genética, emprendimos un proceso de selección de los genes que codificaban estas características deseables, hasta obtener el animal que ahora conocemos.

La sociabilidad de los perros se extiende a otras especies. Los cachorros que entran en contacto con otros animales cuando son lo bastante pequeños establecen un fuerte vínculo con ellos. Se ha comprobado con las ovejas y con las cabras, en aquellos ámbitos en los que los perros conviven con el ganado y cuidan de él, pero también con otros animales menos habituales, como los pingüinos. Algunos científicos afirman que los perros tienen una disposición anormal para establecer fuertes lazos emocionales con casi cualquier cosa que se cruce en su camino, y de por vida. Tienden a interactuar con propios y extraños, a cuidarlos, protegerlos, adorarlos. Quizá los perros nos gustan tanto porque nos gusta el amor.

FIDELIDAD E INFIDELIDAD

Si la fidelidad es una de las características de los perros, la infidelidad lo es de los seres humanos. Y puede ser devastadora para ambos sexos. Al descubrir la infidelidad, es probable que el individuo traicionado sienta una avalancha de emociones desagradables, incluyendo depresión, ira, celos y reproches a sí mismo y a la otra persona.

La infidelidad es uno de los principales motivos de ruptura de parejas. En un estudio de la antropóloga Laura Betzig llevado a cabo en 160 sociedades diferentes y publicado en 1989, la infidelidad era la razón más citada para pedir el divorcio o la separación. La ruptura parece ser una solución común a la infidelidad de la pareja. Sin embargo, no todas las parejas se rompen después de que salga a la luz una traición. Algunas personas quieren saber a toda costa si el otro está enamorado de su amante. Otras optan por someterse a una terapia de pareja, en un intento por descubrir la raíz del problema y arreglar el matrimonio. Las hay que, para determinar con precisión la naturaleza de la amenaza, buscan información sobre la aventura amorosa, como su duración o el grado de compromiso alcanzado. Y al final algunos terminan perdonando a la pareja.

Pero ¿por qué algunos hombres y mujeres engañan a sus parejas mientras que otros se resisten a la tentación?

Los científicos están estudiando los factores biológicos que intervienen en el compromiso, en la estabilidad matrimonial, en la respuesta psicológica a la oportunidad de intimar con una tercera persona. La principal conclusión es que algunas personas resisten de manera natural a la tentación, lo que protege su relación y fortalece sus vínculos, su compromiso.

¿Influyen factores genéticos en este proceso? Hasse Walum, biólogo del Instituto Karolinska de Suecia, estudió a 552 parejas de gemelos para analizar un gen relacionado con la regulación corporal de la vasopresina, que, como ya hemos visto, está implicada en el vínculo. En general, los hombres con una determinada variante de este gen tenían una menor probabilidad de estar casados, pero si lo estaban, era más probable que hubieran sufrido graves problemas maritales y de que sus esposas se definieran como infelices. Entre los hombres con dos copias de esa variante génica, en torno a un tercio había experimentado una crisis seria en su matrimonio en el último año, el doble que en el caso de aquellos que no tenían esa variante en ninguna de las dos copias del gen.

Aunque la mayoría de los periódicos lo denominaron el «gen de la fidelidad», Walfum afirmó que se trataba de un término inapropiado porque su investigación se centraba en la estabilidad matrimonial y no en la fidelidad. Y, aparte de no predecir el comportamiento de los hombres, no está claro que se pueda aplicar también a las mujeres. Actualmente se está analizando si, en función de lo que se sabe de estos datos genéticos, es posible entrenar al cerebro para resistir a la tentación.

Hay más aspectos interesantes. La ausencia hace que los hombres sean más cariñosos, pero no las mujeres. Los psicólogos sostienen que tal vez sea una estrategia de los hombres para no ser engañados. Los machos de la mayoría de las especies no pueden estar seguros de si los hijos que ayudan a criar son suyos. Un estudio ha mostrado que los hombres minimizan el riesgo de cuidar el hijo de otro produciendo más espermatozoides cuanto más tiempo están alejados de su pareja. Curiosamente, este fenómeno no depende de la última vez que la pareja haya tenido sexo, sino del tiempo que lleven separados.

Todd K. Shackelford y su equipo de la Universidad Atlántica de Florida pensaron que debía haber algún mecanismo psicológico responsable del incremento en la producción de espermatozoides. Pidieron a 692 hombres heterosexuales que mantenían relaciones sólidas que rellenaran un cuestionario anónimo para conocer cuándo habían tenido sexo con su pareja por última vez y cuántas horas habían pasado separados desde entonces. También debían especificar hasta qué punto encontraban atractiva a su pareja y creían que lo era para otras personas, y cuántas ganas tenían de acostarse con ella otra vez. El resultado fue que cuanto más tiempo hacía que habían estado juntos, más atractiva y deseable les parecía su pareja sin que fueran conscientes de ello, con independencia del tiempo transcurrido desde la última ocasión que habían tenido sexo.

En las mujeres, el tiempo que llevaran sin verse no influía en su valoración del atractivo de la pareja. Shackelford considera que los hombres han desarrollado con la evolución sistemas para superar las infidelidades, como sucede con los machos de otras especies, que son socialmente monógamos, pero no muestran una exclusividad sexual.

Otro grupo de investigadores ha estudiado cómo reaccionan ante la tentación aquellas personas que tienen una relación con un alto grado de compromiso. Seleccionaron a hombres y mujeres felizmente casados y les mostraron varias fotografías de personas del sexo opuesto para que valorasen su atractivo. Como cabía esperar, concedieron las puntuaciones más altas a aquellos individuos que serían valorados como atractivos por la mayoría de la gente. A continuación, a cada uno le mostraron fotografías de una misma persona y le dijeron, de pasada, que estaba interesada en conocerle. Pues bien, de forma consistente le concedieron una puntuación menor que la que esa misma persona había recibido en la primera ronda por parte de un grupo distinto e independiente. En otras palabras, cuando sentían que alguien podía poner en riesgo su vínculo de pareja, de una manera instintiva se decían: «Tampoco es tan atractiva».

Este último estudio también pone de manifiesto diferencias de género en el modo de responder a una posibilidad de engaño. En un estudio con 200 hombres y mujeres heterosexuales, la mitad de los participantes imaginaron un flirteo con alguien a quien consideraban atractivo. La otra mitad debía imaginar un encuentro rutinario sin connotaciones sexuales. A continuación rellenaron los espacios en blanco de algunas palabras como LO_AL y THR_AT, sin saber que se trataba de un test psicológico que permite identificar los sentimientos subconscientes sobre el compromiso (utilizados asimismo para detectar prejuicios y opiniones estereotipadas).

En las respuestas de los participantes que habían imaginado un encuentro rutinario no se observó ningún patrón. Sin embargo, entre aquellos que habían fantaseado con un flirteo, los hombres tendían a formar palabras neutras como LOCAL (local) y THROAT (garganta); las mujeres, palabras reveladoras como LOYAL (leal) y THREAT (amenaza). Estos resultados sugerían que el experimento había despertado en ellas ciertas preocupaciones subconscientes sobre el compromiso. Por supuesto, esto no permite predecir el comportamiento en el mundo real, pero las enormes diferencias en las respuestas llevaron a los investigadores a pensar que las mujeres han desarrollado un sistema de alerta temprana para prevenir riesgos en la relación.

Otros estudios de la misma universidad confirmaron las diferencias entre hombres y mujeres a la hora de responder a esas amenazas. En uno, actores y actrices atractivos flirteaban con los participantes en una sala de espera. Después, a estos se les formulaban preguntas sobre sus relaciones, en particular cómo responderían a un mal comportamiento de su pareja, como demorarse en volver a casa sin avisar. Los hombres estaban menos dispuestos a perdonar un hipotético mal comportamiento, lo que daba a entender que el encuentro con la actriz había socavado por un momento su compromiso. En cambio, las mujeres tendían a estar más dispuestas a excusar al hombre y a perdonarlo, por lo que el flirteo debía de haber puesto en marcha una respuesta para poner a salvo su relación; en este caso, la presencia de un «tercero» desencadenaba un fortalecimiento del compromiso. Según los investigadores, «los hombres tenían un compromiso con su relación, mientras que las mujeres adoptaban un plan de contingencia cuando una tercera persona atractiva hacía sonar las alarmas. Las mujeres lo codificaban implícitamente como una amenaza. Los hombres, no».

Otra fase de la investigación se centró en determinar si un individuo puede aprender a resistirse a la tentación. Un grupo de estudiantes varones con pareja estable debía imaginar que un fin de semana su novia estaba fuera de la ciudad y ellos tenían un encuentro con una mujer atractiva. A algunos se les pidió que desarrollaran un plan de contingencia rellenando la frase: «Cuando ella se me acerque, yo _____ para proteger mi relación». Los investigadores crearon un juego de realidad virtual con cuatro habitaciones, dos de las cuales incluían imágenes subliminales de una mujer atractiva. Los hombres que habían practicado la resistencia a la tentación se dirigían a esas dos habitaciones solo el 25 % del tiempo, mientras que los demás lo hacían en un porcentaje del 62 %.

Los científicos también han visto que lo que mantiene unidas a las parejas quizá no sean los sentimientos de amor o lealtad. El nivel de compromiso podría depender del grado en que el otro mejora nuestra vida o amplía nuestros horizontes, un concepto denominado «autoexpansión». Para medirlo, se formuló a varias parejas una serie de preguntas: ¿es buena tu pareja a la hora de proporcionarte experiencias interesantes?, ¿conocer a tu pareja te ha hecho mejor persona?, ¿en qué medida ves a tu pareja como un apoyo para impulsar tus propias capacidades?

Se han llevado a cabo distintos experimentos con actividades que simulan la autoexpansión. En uno de ellos, a varias parejas se las ataba y se les concedía un determinado tiempo para pasar una prueba bastante ridícula: recorrer cierta distancia arrastrándose sobre una colchoneta mientras empujaban un cilindro de gomaespuma con la cabeza. El experimento estaba trucado de manera que unas parejas no conseguían terminarla en el tiempo estipulado, mientras que otras sí lo lograban, pero a la tercera tentativa y por los pelos, lo que implicaba una celebración. A su vez, las parejas pasaban ciertas pruebas que medían su relación antes y después del experimento. Pues bien, aquellos que habían experimentado una victoria juntos mostraban un mayor incremento del sentimiento amoroso y se sentían más satisfechos con la relación.

Actualmente se investiga cómo influye la autoexpansión en las relaciones de pareja. Existe la hipótesis de que las parejas que exploran juntas lugares desconocidos o intentan cosas nuevas promueven los sentimientos de autoexpansión y refuerzan su compromiso. Emprendemos una relación porque la otra persona se convierte en parte de nuestra vida y eso nos proporciona nuevos horizontes y cualidades. De ahí que los individuos que se enamoran se pasen la noche hablando y lo vivan como algo excitante. Las parejas pueden recuperar parte de esa sensación llevando a cabo actividades estimulantes y afrontando retos juntos. La autoexpansión es una aliada del amor.

La semana del amor

En junio del 2019, *The New York Times* lanzó el reto del amor en siete días (con un objetivo que cumplir cada día de la semana), diseñado para reforzar la pareja. ¿Os atrevéis a probar?

Día 1: llevad la cuenta

El primer objetivo consiste en ser amable y cariñoso con la pareja. Llevad la cuenta de las cosas que hacéis o decís que os hacen sentir queridos y conectados con el otro, desde detalles como elogiar una cualidad o darle un beso al despediros hasta acciones de mayor envergadura como regalarle flores, preparar su plato favorito, lavar el coche u ordenar el trastero. Se trata de identificar al menos cinco cosas que tu pareja hace a diario con las que demuestra su amor, aunque no sea consciente de ello. Diversas investigaciones demuestran que en una relación exitosa las interacciones positivas superan a los momentos negativos. ¿Has estado hoy a la altura?

Habla con el otro sobre el efecto que tuvo en ti un gesto amable y aprende qué cosas hacéis el uno por el otro y cuáles te hacen sentir particularmente feliz. Unos investigadores se dedicaron a estudiar vídeos de parejas discutiendo o pasando un buen momento. Reír, sonreír, tocarse el uno al otro y hacer comentarios cariñosos contaban como gestos positivos; las muecas, los ojos en blanco, las actitudes defensivas, las malas contestaciones y los enfados, como actos negativos. Lo que se observó fue un patrón: las parejas exitosas mostraban al menos cinco interacciones positivas por cada negativa. En la vida real, nadie puede ir anotando todos los días el número de interacciones positivas y negativas, pero las implicaciones del estudio son claras: si potencias los gestos de cariño y las señales positivas, contribuirás a proteger tu relación de los inevitables días malos.

Además, ser amable y generoso con tu pareja tiene un efecto extra: tú también estás más feliz. Los investigadores del National Marriage Project de la Universidad de Virginia estudiaron 2870 matrimonios y estimaron la frecuencia con la que tenían un gesto generoso con su pareja. La generosidad fue definida como «la virtud de dar cosas buenas a tu pareja de forma libre y frecuente»; un ejemplo sería prepararle el café por la mañana. La conclusión es que las parejas más generosas eran las que tenían una mayor probabilidad de considerarse «muy felices».

Día 2: daos la mano

Los Beatles cantaban: «Quiero coger tu mano y cuando te toco siento felicidad en mi interior». La ciencia nos dice que tocarnos es una forma poderosa de establecer un vínculo. Cogerse de la mano incluso disminuye el estrés.

La presente tarea consiste en aprovechar cualquier oportunidad para agarraros de la mano: desde que estáis sentados a la mesa desayunando hasta cuando veis juntos la televisión por la noche. Dedica esos minutos a charlar sobre algo que te esté causando incomodidad o ansiedad; puede ser un problema en el trabajo o un asunto relacionado con los hijos, con la salud o con alguna dificultad económica. Sea lo que sea, sujeta la mano de tu pareja mientras habláis de ello. Lo ideal es que habléis los dos por turnos, de modo que sea una auténtica conversación. Piensa en cómo te sientes al tocar a tu pareja, cuando te presiona la mano y te la acaricia mientras tú haces lo propio.

James A. Coan reclutó a 16 mujeres que consideraban que tenían un buen matrimonio y que sentían el apoyo de su pareja. Para simular una situación de estrés, las sometió a una pequeña descarga eléctrica en tres circunstancias diferentes: cuando la mujer estaba sola, cuando sujetaba la mano de un extraño y cuando sujetaba la de su marido. Entretanto, analizó mediante unos escáneres su actividad cerebral. Estas técnicas de neuroimagen, que permiten ver lo que sucede en nuestro cerebro en un momento determinado, mostraron que el estrés asociado a recibir la descarga eléctrica era menor cuando la mujer sujetaba la mano de alguien. Pero cuando sujetaba la de su marido, el efecto era aún más positivo, especialmente si había concedido una puntuación elevada al nivel de felicidad de su matrimonio. El hecho de estar sujetando la mano de su marido en el momento de la descarga hacía que las regiones cerebrales implicadas en el dolor mostraran una actividad similar a la que se produce al tomar un analgésico. Posteriormente se replicó el estudio en parejas homosexuales, y este mismo efecto positivo solo se observó en aquellas que sentían que su compromiso era similar al de estar casados (cuando se llevó a cabo este estudio, el matrimonio homosexual aún no se había legalizado en muchos estados de Estados Unidos).

Coan concluyó que, tanto en los matrimonios en los que se cuenta con un fuerte apoyo del otro como en las parejas comprometidas, el cerebro externaliza parte de su trabajo neuronal más complejo. En cierto modo, cuando la persona amada nos da la mano, está echándose a la espalda parte de nuestra carga emocional, prestándonos todo su apoyo, y nosotros lo sentimos y lo valoramos.

Día 3: el rato del cuento

Leer cuentos a los niños en voz alta favorece la lectoescritura. Los adultos que leen en voz alta recuerdan mejor lo que han leído. Lo que no sospechábamos es que también fortalece las relaciones de pareja.

Tu pareja y tú debéis dedicar un rato a pensar cuál es vuestro texto favorito. Puede ser un artículo de una revista, un fragmento de una novela, un par de páginas de un libro infantil o un poema. Busca un momento tranquilo para leerle al otro el texto que hayas elegido. Descubrirás lo divertido que es que alguien te vuelva a leer, después de tantos años, y también el placer que da leerle algo a la persona que amas. Si te toca escuchar, no te conformes con atender a las palabras; ten presente la voz de tu pareja, su entonación, las ideas que encierra el texto. Podéis hacerlo en el sofá, en la cama o incluso mediante una videollamada si no estáis juntos en ese momento. Después de que los dos hayáis terminado de leer, dedicad unos minutos a hablar sobre las razones que os movieron a elegir ese texto precisamente. ¿Tenía algún significado especial para ti? ¿Suscitó un pensamiento similar en el otro? Compartid lo que ese texto os hace sentir.

Pasar tiempo juntos mejora la relación, así como sentir que el otro te cuida, te enseña algo bueno, te descubre cosas que desconocías. ¿Recuerdas lo que sentías cuando de niño tus padres te leían un cuento? El acto de leer para tu pareja puede despertar los mismos sentimientos de bienestar, de cercanía, de amor. Las parejas reaccionan muy positivamente a la experiencia de leer y que les lean. Es una actividad sencilla, que podéis hacer donde queráis y las veces que os apetezca. Y terminar felices y comiendo perdices.

Día 4: terapia de aceptación

El objetivo de hoy es aceptar algo de tu pareja que no te guste o que incluso te ponga de los nervios. Lo primero es reservar un tiempo para hablar con el otro o escribirle. Cada uno de vosotros debe elegir una o dos manías que desencadenen conflictos en vuestra relación. En ese tipo de listas aparecen a menudo tareas del hogar como recoger la mesa, hacer la cama o sacar la basura, pero pueden ser otras cosas: que no te llame cuando está de viaje y llega a su destino o que hable mal de alguien de tu familia. Compartid vuestra lista el uno con el otro y hablad sobre ello, pero sin dar pie a una discusión. No se trata de aprovechar la oportunidad para lanzar una ristra de reproches. Lo que vais a practicar es una estrategia llamada «terapia de aceptación».

Esta terapia consiste, como dice su nombre, en aceptar que cada uno tenemos nuestra propia forma de actuar y que los comportamientos de los demás, aunque preferiríamos que no existieran, debemos afrontarlos desde la compasión, que etimológicamente significa 'sufrir juntos'. Ser compasivo en el trato con el otro suele evitar el conflicto.

Intenta identificar un rasgo positivo que explique ese comportamiento de tu pareja que te irrita: ¿es eficiente y organizado incluso a la hora de colocar los platos en el lavavajillas?, ¿llega malhumorada a casa porque se ha saltado la comida para poder estar antes contigo? Elige uno de los comportamientos de tu lista y decide aceptarlo, incluso valorarlo como un recordatorio del amor que sentís el uno por el otro. Y cuando se produzca, respira hondo, pon en práctica la aceptación y permite que ese comportamiento irritante se transforme en un recordatorio del amor que sientes por tu pareja.

¿Cuál es el fundamento de esta terapia? Según algunas investigaciones, el 70 % de los conflictos de las parejas nunca se resuelven. Al contrario, dejamos que esas pequeñas molestias se vayan acumulando, alcancen proporciones gigantescas y aumenten la tensión en nuestras vidas. El objetivo de la terapia de aceptación no es forzar un cambio, sino aceptar que sois diferentes, que cada uno tiene sus gustos y costumbres y que no por eso se va a acabar el mundo. Esta forma de comprensión a menudo propicia cambios no forzados acordes con la personalidad y el comportamiento de la pareja, de ahí que sean más duraderos. Si el otro se siente aceptado y entendido, estará más dispuesto a intentar cambiar voluntariamente y sus avances serán mayores. Y aunque no se produzcan cambios, las parejas que muestran aceptación y compasión se sienten más cercanas.

Día 5: un día perfecto

Tenéis que pensar cómo sería para cada uno de vosotros un día perfecto. Podéis inspiraros en uno que hayáis vivido realmente o imaginarlo (debe ser factible; fantasear con ganar el Euromillón o viajar a Marte no es el objetivo del reto del amor). Ahora compartid con el otro ese día perfecto. Lo ideal sería durante una cena romántica, pero no pasa nada si la situación os obliga a hacerlo por WhatsApp o por correo electrónico. Hablar sobre ello es una forma de mostrar vuestro interior y os ayudará a sentiros más cerca de vuestra pareja. Explícale qué es lo que te gusta tanto de ese día soñado. Y si quieres obtener un resultado óptimo, planifica una versión de ese día perfecto para experimentarlo juntos. La idea forma parte de una de las preguntas del cuestionario para enamorar que hemos mencionado (véanse las pp. 90-92). Se comparte algo positivo en un espacio de intimidad y ambos encaráis juntos el futuro con la esperanza de que os procure placer y felicidad.

Día 6: las manos en los corazones

En un experimento con el que se pretendía analizar el efecto del contacto visual en los sentimientos románticos, se emparejó a 168 estudiantes heterosexuales con una persona del sexo opuesto a la que no conocían. Luego fueron asignados a varios grupos de experimentación:

en uno de ellos, cada pareja debía mirarse a los ojos durante dos minutos; en otro, las manos, mientras que en un tercero se miraban a los ojos y contaban los parpadeos. Los individuos que se miraron a los ojos informaron de sentimientos significativamente más intensos de afecto e incluso de amor romántico. Otros estudios muestran que el tacto es crucial para establecer relaciones y fortalecerlas, y que está asociado a una mayor satisfacción de la pareja: los conflictos se resuelven más rápido cuando ambos se abrazan, se cogen de la mano o se besan.

El ejercicio de «las manos en los corazones» suena de lo más cursi, pero es muy efectivo. Investigadores de las relaciones de pareja han descubierto que el efecto del contacto visual aumenta si se combina con el tacto. Para el desafío de hoy, basta que dediquéis unos minutos en un espacio tranquilo. Tened preparado un cronómetro para contar un minuto (puede ser uno de cocina o el teléfono móvil mismo), pero no lo encendáis todavía. Poneos de pie, cara a cara. Cada uno debe colocar la mano derecha en el pecho del otro, justo sobre el corazón, y después la mano izquierda en el propio pecho, sobre la mano de la pareja. Está bien que os riais un poco de vosotros mismos. Ya podéis poner en marcha el cronómetro (tendréis que soltar la mano un momento). Debéis permanecer un minuto en esa posición, mirándoos a los ojos. Ahora no os riais ni habléis, solo sentid la piel y el latido de la pareja. Tened en cuenta la respiración del otro. Cuando el cronómetro suene, respirad y permaneced en silencio un momento más. Después, comentad cómo os habéis sentido al experimentar esta conexión no verbal con el otro. ¿Os ha parecido ridículo, o bien os ha gustado notar el corazón de la pareja? Si lo habéis vivido como algo positivo, podéis repetir la experiencia siempre que os apetezca. La próxima vez, extended el reto de las manos en los corazones a dos minutos.

Día 7: da las gracias

Mostrarle aprecio a alguien que acabas de conocer o a un amigo de toda la vida establece nuevos vínculos o los fortalece. La gratitud es una práctica común de la meditación que aumenta la felicidad y la calidad del sueño. Diversas investigaciones han demostrado que las personas agradecidas padecen menos dolores y en general están más sanas, pues tienden a cuidarse y a hacer más ejercicio. Varios estudios publicados en revistas de prestigio ponen de manifiesto que la gratitud disminuye el riesgo de sufrir depresión.

La última tarea del reto semanal consiste en escribir tres características de nuestra pareja por las que nos sintamos agradecidos. Una vez que ambos lo hayáis hecho, tomaos un rato para leer juntos lo que cada uno ha escrito sobre el otro. ¿Te sorprenden los sentimientos de gratitud de tu pareja? Hablad sobre ello y veréis cómo os ayuda a sentiros más cerca el uno del otro.

Otro ejercicio sencillo es el de llevar un «diario de gratitudes», en el que cada jornada se anoten tres cosas concretas por las que uno se sienta agradecido, ya sean grandes o pequeñas, excepcionales o habituales. La gratitud propicia un círculo virtuoso en la vida y en las relaciones. Cuanta más gratitud muestres, mayor será la probabilidad de que busques experiencias positivas que refuercen la sensación de agradecimiento y de que notes cada vez más la conexión con otras personas. Prueba este ejercicio de gratitud hoy mismo y, si te gusta, repítelo con el otro tan a menudo como os parezca.

CÓMO REAVIVAR EL AMOR

En toda relación hay momentos buenos y malos. Lo triste es dejar que se derrumbe habiendo empezado de forma maravillosa. En muchos casos sentimos que todavía amamos al otro y estamos dispuestos a hacer cuanto esté en nuestra mano para mejorar las cosas, pero no damos con la tecla, la situación no parece tener vuelta atrás. Ya no es como antes, cuando se hacía lo que fuera para tener más tiempo juntos, ahora cualquier encuentro termina en desencuentro. Nos sentimos mal, pero no sabemos cómo arreglarlo.

Es importante tener una imagen real de la situación, no caer en fantasías ni en proyectos irrealizables, pero tratar de reconectar con lo que sentíamos al principio y darnos cuenta de que el amor está todavía vivo. Sin pretender que esto se convierta en un manual de autoayuda, a continuación se ofrecen algunos consejos.

Evita entrar en un modo hipercrítico

En una relación, a veces puedes encontrarte observando a la pareja con una mirada crítica. Sin embargo, esa lupa puede distorsionar la realidad y hacer que te agarres a nimiedades que te molestan y termines dándoles más importancia de la que realmente tienen. No actúes como si estuvieras preparando una acusación, no te centres en los errores de tu pareja; piensa si esas cosas que ahora te molestan tanto siempre han estado ahí, pero antes las sobrellevabas sin problema.

Cuando alguien es tan crítico con su pareja, suele haber un problema de fondo que se plasma en comportamientos contraproducentes e injustos. Por un lado, es posible que proyectemos en el otro rasgos negativos de terceras personas (sus padres o una expareja, por ejemplo). O que asumamos que cometerá los mismos errores que en el pasado, como si fuera incapaz de aprender o mejorar. A menudo malinterpretamos sus palabras o acciones. Podemos llegar al extremo de incitarle para que actúe de esa manera negativa que ya conocemos. Por supuesto, nuestra pareja es humana y comete errores, pero debemos encontrar la manera de afrontar esos problemas sin sacar las cosas de quicio y buscando un punto de encuentro. Guárdate el rotulador rojo.

Trata a tu pareja con amabilidad

Aunque parezca muy simple, la amabilidad es imprescindible para la supervivencia del amor. Llevar a cabo acciones cariñosas hace que sientas más amor. Intenta ser amable en cualquier interacción con tu pareja, adopta un lenguaje cercano y atento, muéstrale que te preocupa y te importa. Adoptarás de este modo una estrategia de acercamiento, abrirás los brazos para recibir a la otra persona, y eso hará que te sientas bien. Aumentará tu conexión con las experiencias de tu pareja, que te suscitarán interés, atracción y ternura. Al fin y al cabo es la regla de oro: trata a los demás como te gustaría que ellos te trataran a ti.

Aprovecha aquello que amas de tu pareja

Reflexiona sobre lo que más te gusta de tu pareja. ¿Qué admiras de ella? Si te gusta que sea una persona lanzada, proponle nuevos proyectos. Si te encanta su sentido del humor, intenta ser divertido. Si valoras que sea una persona afectuosa, ocúpate de conectar con ella todos los días, en vez de dejarte llevar por las tensiones cotidianas. Recibe su cariño y devuélveselo.

Presta atención a lo que te hace sentir bien, ya se trate de cosas grandes o pequeñas. He aquí algunos ejemplos mencionados por la psicóloga Lisa Firestone en *Psychology Today*: «su manera de jugar con los niños al final de un largo día», «su sonrisa cada vez que levanto la vista del ordenador cuando trabajo desde casa», «que no me juzgue cuando le cuento cosas de las que estoy avergonzado, errores que he cometido, cosas que debiera haber terminado y he dejado a medias».

Comparte las experiencias no rutinarias

Se supone que cuando nos enamoramos atravesamos uno de los momentos de más apertura de nuestra vida. Después de todo, dejamos que una persona que acabamos de conocer influya de manera muy significativa en nuestra existencia, que cambie nuestras costumbres, nuestra forma de vestir, incluso nuestro estilo de vida. Las ganas de probar cosas nuevas son parte natural de la chispa que salta entre dos personas. Explorar juntos y compartir nuevas experiencias es la mejor forma de conservar la excitación del comienzo y sentir que el amor fluye con intensidad. Las relaciones pueden volverse más prácticas y rutinarias según avanza el tiempo, por la crianza de los hijos, las tareas del hogar o las dificultades económicas, pero estos aspectos de la vida pueden ser también parte de la aventura, siempre que reservéis tiempo para alguna actividad que os guste, que os haga sentir bien y os mantenga unidos.

Mantén tus intereses y apoya los de tu pareja

En las primeras etapas de una relación, ambas partes se ven todavía como individuos separados y mantienen aquello que los hace sentir personas completas e independientes. A menudo se trata justamente de las características que te atrajeron, las que hicieron que te enamoraras. Tampoco olvides las cosas que te gustan de ti, cuida esos aspectos únicos que valoráis tú y la gente que te rodea, y amplíalos con amabilidad, respeto y curiosidad hacia tu pareja. A veces es necesario dejar espacio al otro para que persiga sus propios intereses y evitar restricciones innecesarias o un control férreo por culpa de tus inseguridades. No limites tu capacidad para conocerle y para quererle por ser tal como es.

Habla con profundidad

La mayoría de las parejas se meten en terrenos pantanosos por culpa de una mala comunicación. A veces pasa mucho tiempo sin que mantengáis una conversación sincera, profunda y cariñosa. Intenta reservar tiempo para hablar con calma de las cosas que te preocupan. Pregúntale qué piensa y qué siente. Siempre hay cosas nuevas que descubrir en el otro, y si seguís mostrando un interés mutuo, mantendréis con fuerzas renovadas vuestros sentimientos.

No renuncies a la intimidad

El afecto físico nos hace sentir más conectados. Las caricias y el sexo liberan oxitocina en nuestro cerebro, lo que refuerza el vínculo. Si nos sentimos agobiados por el trabajo, si los niños nos dejan exhaustos, es fácil que pase un tiempo sin que tengamos contacto físico con la pareja. Sin embargo, ya hemos hablado de la descarga de oxitocina causada por el orgasmo y de sus efectos en el fortalecimiento de la relación, a lo que también contribuyen los abrazos y las caricias. El contacto físico hace que nos sintamos más cerca de nuestra pareja, no solo en el aspecto corporal sino también en el emocional.

Encuentra maneras saludables de rebajar la tensión

Es normal sentirse enfadado y frustrado. Tu pareja no es perfecta. Acumular agravios hasta hacer estallar la III Guerra Mundial no es la mejor estrategia para recuperar la relación con tu pareja. A algunas personas les sienta bien abrirse con un amigo o un psicólogo para explorar y reconducir las reacciones más airadas e irracionales. Es importante que ese mediador no sea demasiado duro ni crítico, sino que se esfuerce por entender en vez de juzgar o tomar partido. Conviene evitar a aquellos que reafirman tus sentimientos más negativos o que te dan la razón por sistema. El objetivo es rebajar la tensión, dejar que fluyan los sentimientos para poder llegar a un estado más racional, más tranquilo.

Haced juntos algo nuevo

Las nuevas experiencias activan el circuito de recompensa del cerebro, inundándolo de dopamina y adrenalina. Las parejas que regularmente practican un nuevo deporte juntos, se apuntan a un curso de cocina o aprenden algo que les apetece tienen un matrimonio más feliz que aquellas que se limitan a compartir experiencias agradables pero conocidas. Una vez superada la época de amor desatado y alcanzada la relación estable, las novedades logran engañar al cerebro elevando los niveles de dopamina, uno de cuyos efectos secundarios es estimular la sensación de vivir de nuevo un romance. Este es el motivo, junto a la oportunidad de poder dedicar tiempo a los dos, de que las vacaciones a menudo reaviven la pasión.

Reconecta con quien eras cuando te enamoraste

Cuando la relación se desmorona, no solo echas de menos a la persona de la que te enamoraste, sino también a ti mismo por aquel entonces. Mucha gente querría volver a ser la persona de la primera etapa del amor, la de la pasión. En general, enamorarse de nuevo implica bajar otra vez las defensas, volver a confiar en el otro y a hacer planes, recuperar los sentimientos de atracción y maravilla. Sin embargo, hay otro camino: asumir que la etapa de la pasión quedó atrás, pero que ahora tienes otra relación extraordinaria a tu alcance, la de dos personas que se conocen bien, que se aprecian, que se han elegido mutuamente, que se sienten a gusto juntas y pueden mirar al futuro apoyándose el uno en el otro. En resumen, en vez de recuperar el pasado, resulta más interesante y realista aprovechar lo que tienes y reconstruir la relación con la mirada puesta en los años venideros.

La importancia de la atracción

> ¡Cuando no existía nada, el amor existía; y
> cuando nada quede, quedará el amor! ¡Es el pri-
> mero y el último!… ¡Es la hiedra que se une al
> árbol y bebe su verde vida en el corazón que
> devora!
>
> *Las mil y una noches*, «NOCHE 998»

La atracción es la piedra filosofal del amor, pero los factores que implica son múltiples. En un experimento, a
unas mujeres les mostraron la fotografía de un mismo
hombre. A un grupo le dijeron que estaba soltero; al resto, que tenía pareja. El 59 % de las mujeres del primer
grupo se mostraron interesadas en iniciar una relación
con él, pero el porcentaje subió al 90 % en el resto.

La atracción varía según el sexo. La pasión surge con
más facilidad en los hombres que en las mujeres cuando
entran en juego estímulos visuales. Y aunque tanto hombres como mujeres expresan el amor romántico con la
misma intensidad y se sienten atraídos sobre todo por
personas fiables, amables, saludables, inteligentes y edu-
cadas, se observan notables diferencias en sus elecciones
particulares. En general, los hombres se sienten más
atraídos por la juventud y la belleza, mientras que las
mujeres valoran más la situación económica, la educación y la posición social. En cierta manera, esto encaja

con nuestros prejuicios: cuando vemos a un hombre mayor y poco agraciado caminando del brazo de una mujer joven y atractiva, la mayoría asumimos que es rico o poderoso.

Otro aspecto sorprendente es la influencia que ejerce el nombre de la persona. El psicólogo Andrew Perfors (antes, Amy Perfors) tomó fotografías de 12 hombres y 12 mujeres y las colgó en la página web hotornot.com, donde los usuarios pueden votar el atractivo de cada persona. Perfors, que entonces era estudiante del Instituto Tecnológico de Massachusetts, colgó las mismas imágenes muchas veces, pero con distintos nombres. Pues bien, si la vocal tónica del nombre de los hombres de las fotografías era anterior o palatal, como la «e» de Ben o la «a» de Alex, recibían mayor puntuación que cuando era posterior o velar, como la «o» de Tom. Sin embargo, en el caso de las mujeres ocurría lo contrario: si a una misma fotografía le asignaba un nombre cuya vocal tónica era posterior, como Holly, la mujer resultaba estadísticamente más atractiva que si la vocal era anterior, como en Jess. Quizá tenga que ver con el tamaño: según algunos estudios, tendemos a relacionar las vocales anteriores con la idea de «más grande» y las posteriores con la de «más pequeño», y es probable que la mayoría de las mujeres prefieran a un hombre grande, y la mayoría de los hombres, a una mujer pequeña. Pero es pura especulación. Otra hipótesis sería que las mujeres se decantan por aquellos hombres cuyos nombres sugieren que son sensibles y amables, mientras que ellos se sienten atraídos por mujeres fuertes, con un nombre contundente.

A continuación, mencionamos algunos de los factores de atracción más importantes, aunque la lista sería interminable.

EL ROSTRO

Sorprende que no haya dos personas con el mismo rostro, a pesar de que estructuralmente este varíe tan poco (todos tenemos los mismos huesos y músculos; dos ojos, una nariz y una boca). Es nuestra tarjeta de presentación, quizá el símbolo más poderoso de nuestra individualidad, pues somos animales puramente visuales. Cuando nacemos, una vez conocido el sexo del bebé, la primera pregunta que se hace todo el mundo es: «¿A quién se parece?». Somos extremadamente buenos reconociendo e identificando rostros. Tenemos la capacidad de reconocer a alguien en una base de datos con decenas de miles de fotografías, aunque hayan pasado muchos años desde la última vez que vimos a esa persona y ahora ya no tenga pelo, luzca una frondosa barba o use gafas.

La cara es también uno de nuestros principales órganos de comunicación. Con ella mostramos emociones y, tanto consciente como inconscientemente, la usamos para enamorar, para seducir, para conseguir lo que queremos. Desde que somos bebés, la mirada y la sonrisa nos sirven para incitar a los mayores a que nos cuiden y nos presten atención. Cuando somos adultos, uno de nuestros objetivos fundamentales es encontrar pareja. Al flirtear con un hombre, la mujer levanta ligeramente las cejas y, con los ojos muy abiertos, le lanza miradas curiosas y positivas. Una vez captada su atención, inclina con timidez la cabeza, baja la mirada y sube los pómulos con una sonrisa casi imperceptible. Entonces vuelve la cabeza hacia él y parece tocarlo con los ojos. A veces, suelta una risita o sonríe de nuevo, o bien se cubre la cara con las manos. Este cortejo, esta pequeña obra de teatro, es una mezcla ostentosa —y atrayente— de timidez, modestia e interés sexual. Tiene carácter universal, pues funciona en cualquier país del mundo, y al parecer comunica el mismo mensaje desde hace milenios: «Estoy disponible». El hombre, por su parte, suele adoptar una actitud menos discreta: mira directamente a la mujer y le sonríe, manifestando a las claras su interés y su voluntad a la vez que intenta parecer amable, fuerte, protector, inteligente, educado (aunque no siempre lo consiga).

El atractivo del rostro depende de muchos elementos. Uno clave es a quién nos recuerda la persona en cuestión. ¿A nuestro padre, a nuestra madre, a un antiguo amante o a alguien que nos hizo daño? Por otro lado, nuestra cara se parece mucho a la que teníamos de niños, pero las arrugas en torno a la boca o a los ojos, así como en el entrecejo, revelan rasgos de nuestro carácter: si somos de risa fácil, testarudos o malhumorados. Y enseguida sabemos si una persona está ansiosa, nerviosa o tranquila por los sentimientos que expresa su rostro.

Un asunto controvertido es si el atractivo de un rostro depende de la cultura. Existe la creencia de que el canon de belleza se aprende gradualmente mediante la exposición a ciertos mensajes culturales (presentados, por ejemplo, a través de los medios de comunicación).

Si esto fuera cierto, el atractivo sería arbitrario y estaría circunscrito a determinado tiempo y lugar. La conocida frase «la belleza está en el ojo del que mira» se corresponde con lo sostenido por el filósofo David Hume, para quien la belleza «no es una cualidad de las cosas en sí mismas; existe tan solo en la mente que las contempla, y cada mente contempla una belleza distinta». Los científicos son de otra opinión. Aunque existen diferencias individuales y transculturales, el acuerdo entre los individuos sobre la belleza es una de las evidencias mejor documentadas de la investigación del atractivo facial llevada a cabo desde la década de 1970. Numerosos estudios han demostrado un alto grado de coincidencia entre individuos de diferentes culturas. Que personas tan alejadas estén de acuerdo en qué rostros son atractivos, sean de la etnia que sean, significa que todo el mundo, con independencia del lugar y la cultura, tiene criterios similares, si no iguales, en sus juicios sobre la belleza facial. Esos criterios se analizan a continuación.

Simetría

En *Orgullo y Prejuicio*, Jane Austen nos cuenta cómo el guapo y alto Mr. Darcy denigra inicialmente la apariencia de Elizabeth Bennet: «Es tolerable, pero no lo suficientemente guapa para tentarme», pues tiene «más de un fallo en la perfecta simetría de su forma». Un rostro simétrico es resultado de un desarrollo saludable. Diversos estudios demuestran que el número total de parejas sexuales que un hombre asegura haber tenido guarda relación con la simetría de su esqueleto. En gemelos idénticos, el calificado como más atractivo es normalmente aquel que presenta una mayor simetría corporal. Mientras que un pequeño detalle asimétrico, como un lunar o una cicatriz, puede contrarrestar lo suficiente el equilibrio de la cara para que un individuo resulte visualmente interesante, un rostro de forma asimétrica suele considerarse menos bello y para algunas personas incluso puede ser repulsivo.

Promedio

Mezclando caras en un ordenador se obtiene un rostro promedio, que curiosamente se considera más atractivo que los originales. Los rostros promedio resultan más bellos porque la alineación de características que se aproxima a la media de una población está vinculada a la diversidad genética, y esta da lugar a proteínas menos comunes, a las que los patógenos están en general mal adaptados. Así pues, un rostro promedio denota una mejor salud al tener más posibilidades de ser resistente a infecciones y parásitos.

Una segunda teoría evolutiva que explica el atractivo del rostro promedio es que los genotipos extremos, al contrario que los más cercanos a la media de la población, tienen más posibilidades de ser homocigotos para los alelos deletéreos, es decir, de poseer genes perjudiciales para el individuo. En cualquier caso, tanto esta teoría como la anterior atribuyen beneficios evolutivos al apareamiento con personas que poseen rostros promedio.

Características sexuales secundarias

Los rostros masculinos y femeninos difieren en su forma. Los hombres tenemos normalmente la mandíbula más grande, los pómulos más prominentes, los labios más finos y las mejillas más delgadas que las mujeres. Estas diferencias son resultado de los cambios que se producen durante la pubertad por la acción de hormonas como la testosterona.

Desde un punto de vista evolutivo, se ha propuesto que los extremos de las características sexuales secundarias (caras más femeninas para las mujeres y más masculinas para los hombres) son atractivos porque anuncian la calidad de los rasgos hereditarios del individuo, óptimos para la supervivencia y reproducción de la descendencia.

Salud y color de la piel

En lo que respecta a la evolución, la detección de parejas sanas tiene sin duda una gran ventaja selectiva tanto para el intercambio social como para la formación de una familia. Por eso resulta atractiva una piel sin señales de enfermedad y con un color homogéneo. Los hombres más heterocigotos, es decir, con mayor diversidad genética, también tienen una piel de apariencia más saludable. De hecho, la piel puede ser un marcador particularmente útil del estado de salud actual del individuo, ya que es más sensible a la enfermedad que otros aspectos del rostro como la simetría o el aspecto promedio.

Señales asociadas a la personalidad

De las personas atractivas se dice que sus rasgos son «socialmente deseables», y aunque sea injusto, se cree que los guapos llevan una vida mejor que el resto. Por ejemplo, existe la opinión generalizada de que los individuos bellos pueden conseguir puestos de trabajo más prestigiosos, ser cónyuges más competentes, tener matrimonios más felices y gozar de mejores perspectivas de realización personal. En buena lógica, esto no tiene por qué ser así, pero la gente espera que esas expectativas se cumplan, que a los guapos les vaya mejor.

Otros rasgos e interacciones

Hay más rasgos del rostro que influyen en el atractivo de una persona: la edad, el peso o adiposidad, el color del pelo y de los ojos, el vello facial en los hombres y el maquillaje en las mujeres. La similitud del otro con uno mismo también parece ser un rasgo importante a la hora de juzgar si alguien es atractivo o no.

El atractivo físico tiene importantes consecuencias sociales. Por ejemplo, la belleza se asocia con una posición económica elevada (especialmente por parte de las mujeres) y proporciona más citas, y las personas que han salido con individuos atractivos suelen estar más satisfechas con sus relaciones interpersonales. El estereotipo de «lo bello es bueno» viene de antiguo. Las personas atractivas tienen más posibilidades de ser contratadas tras una entrevista de trabajo presencial, y la belleza también puede favorecer al acusado en un juicio. Una cara bonita hace que se exijan menos garantías económicas (por ejemplo, cuando se alquila un piso) y facilita la participación en nuevos proyectos.

LA VISTA

Los ojos de la persona enamorada adquieren un brillo especial y su mirada refuerza el deseo y parece querer tocar el alma del otro. Antes de la desnudez de los cuerpos, hay una especie de desnudez interior, un despojamiento de las corazas al sentir que confiamos en el otro y podemos mostrarle nuestra vulnerabilidad. Además, el amor mira al futuro, pues los enamorados se alimentan de la esperanza de compartir, de hacer planes juntos y tener una vida en común.

«Un hombre se enamora a través de sus ojos; una mujer, a través de sus oídos», sentenció el político británico Woodrow Wyatt. Estudios sobre el procesamiento de las imágenes capaces de excitar sexualmente revelan que los hombres presentan más actividad en las áreas visuales del cerebro, la amígdala y el hipotálamo, asociadas según la investigadora Helen E. Fisher con la «turgencia del pene». A las mujeres les excitan más las palabras románticas y, en las películas y novelas, las tramas sobre parejas. Al comienzo de una relación, las mujeres enamoradas suelen mostrar más actividad que los hombres en regiones cerebrales relacionadas con la atención y la memoria. Posteriormente presentan más actividad en regiones asociadas con las emociones.

El lenguaje corporal

Como cantaba Madonna: «No te quedes ahí de pie, vamos, haz una pose». Para los hombres, los andares y el baile de una mujer resultan más sensuales cuando esta se encuentra en la fase más fértil de su ciclo menstrual. Así pues, el lenguaje corporal de una mujer debe de mandar el mensaje de que está lista para la reproducción, sin que ella ni los hombres que tiene alrededor sean conscientes de ello.

Las mujeres y los hombres heterosexuales puntúan con una nota más alta el baile de hombres fuertes que el de los de naturaleza débil. En el caso de las mujeres, se piensa que obedece a una adaptación femenina para elegir una buena pareja, capaz de protegerla a ella y a sus crías; en el de los hombres, a una adaptación para evaluar a posibles contrincantes.

Sin embargo, evaluar la atracción a partir del lenguaje corporal entraña riesgos y es más complicado de lo que parece en una primera aproximación, como demostró un estudio sobre las diferentes maneras de caminar. El psicólogo John Thoresen filmó a personas caminando y aplicó una serie de puntos luminosos móviles para señalizar con claridad las extremidades en movimiento y evitar distracciones, como la forma del cuerpo. Observó que la mayoría valoraba los andares rotundos, aquellos que se caracterizan por amplios movimientos de piernas y brazos, con un toque de fanfarronería, señal de una personalidad extrovertida, aventurera, cálida y digna de confianza. Un paso lento, relajado, se asociaba a una personalidad tranquila, imperturbable, inofensiva. No obstante, cuando los investigadores compararon las personalidades reales de los distintos caminantes con las ideas que la gente se había hecho de ellos, no encontraron correlación alguna. Así pues, nuestra forma de caminar no es un buen indicador de nuestra forma de ser. En cualquier caso, en el ámbito de la atracción parece que lo más importante no es lo que el lenguaje corporal revela sobre la personalidad, sino lo que las otras personas creen que dice de ti.

Entonces, ¿es posible fingir cierta personalidad alterando la forma de caminar? Algunos investigadores piensan que sí y ofrecen algunos trucos. Por ejemplo, las personas que en una entrevista laboral se sientan rectas, establecen contacto visual, sonríen y asienten a lo largo de la conversación tienen más posibilidades de conseguir el puesto de trabajo. Por el contrario, aquellas cuya mirada vaga por la estancia sin establecer contacto visual, que mantienen la cabeza inmóvil o no cambian de expresión tienen más posibilidades de ser rechazados. Cualquiera puede adoptar una postura que denote mayor confianza, sonreír y asentir a menudo, aunque conviene no hacerlo en exceso para no parecer un psicópata.

Mostrar una actitud tranquila y digna de confianza no solo contribuye a mejorar la imagen que proyectamos, sino que según algunos psicólogos incluso puede cambiarnos a nosotros mismos. Los voluntarios de cierto experimento debían mantener durante dos minutos una postura de «alto poder» o de «bajo poder». La primera consistía en sentarse con los pies encima de una mesa y colocar las manos detrás de la cabeza, o bien en permanecer de pie con las piernas separadas y las manos en la cintura, mientras que la segunda consistía en encogerse y ocupar el menor espacio posible. Después jugaron a un juego de apuestas en el que se tenía la misma probabilidad de ganar que de perder, y les tomaron muestras de saliva para medir sus niveles de testosterona y cortisol, dos hormonas relacionadas con la agresividad y el estrés. La probabilidad de apostar era mucho mayor entre aquellos que habían adoptado una postura de «alto poder» (86 %) que entre los que habían adoptado la de «bajo poder» (60 %). Además, la disposición para apostar estaba ligada a cambios fisiológicos: el grupo de la postura de «alto poder» experimentaba un aumento del 20 % en los niveles de testosterona y un descenso del 25 % en los de cortisol, mientras que el grupo de la postura de «bajo poder» presentaba una caída del 10 % en los niveles de testosterona y una subida del 15 % en los de cortisol. El sentimiento de poder no es solo psicológico. El incremento de la testosterona va unido a una mayor tolerancia al dolor, lo que, en cierta manera, te hace más poderoso.

No es la única influencia del lenguaje corporal en cómo te sientes. Diversos estudios revelan que sentarse derecho genera emociones positivas, mientras que tomar asiento medio recostado te hace sentir un poco deprimido. Hay pruebas de que fingir una sonrisa te hace sentir más feliz y que fruncir el ceño tiene el efecto opuesto. Al parecer, las personas que se ponen inyecciones de bótox que les impiden fruncir el ceño se sienten en general más felices, un efecto secundario de una intervención puramente estética. O quizá están más contentas porque se ven más atractivas.

EL CABELLO

Cuando alguien describe a la persona amada, normalmente menciona el color y la longitud de su cabello. En una relación de pareja, el pelo se presta a que lo acariciemos, lo alborotemos, a que juguemos con él, a que lo peinemos. Hay quien piensa, como la ensayista, poeta y naturalista Diane Ackerman (1994), que desordenarlo es el equivalente simbólico de desnudar el cuerpo del otro y, por tanto, una parte importante de la atracción y la relación. Las mujeres aprenden enseguida que cortarse el pelo sin haber avisado a su pareja es un error. Más aún, en diversas culturas y religiones las mujeres se cortan el pelo muy corto solo cuando deben dejar de ser atractivas para los hombres (pensemos en las monjas y en las esposas judías). También es bastante común al tener un hijo. La mayoría lo justifica por una cuestión meramente práctica (exige menos cuidados en una época de muchas tareas), pero quizá tenga un simbolismo detrás. Lo vemos asimismo en episodios cruentos de la historia: en la Guerra Civil o al final de la II Guerra Mundial, las mujeres del bando enemigo eran desexualizadas y sometidas a escarnio rapándolas. Por otro lado, las madres suelen animar a sus hijas a que lleven el pelo corto cuando alcanzan la pubertad, mientras que los padres preferimos que se dejen el pelo largo.

El cabello se asocia al amor desde hace milenios. En el Antiguo Egipto, la viuda introducía en la tumba del esposo un rizo de su pelo como amuleto y como símbolo de su amor imperecedero. La diosa Isis usaba el cabello como rejuvenecedor y revitalizador de su amante muerto, Osiris, y lo extendía como las alas de un águila para que su sombra protegiera a su hijo.

El cabello se ha asociado al pecado, a la seducción, al demonio. En la Primera Carta a los Corintios 11, 4, san Pablo dice: «Si un varón ora o profetiza con la cabeza cubierta, deshonra su cabeza. En cambio, la mujer que ora o profetiza con la cabeza descubierta falta al respeto a su cabeza; sería igual si se cortara el pelo al rape». Eso explica la tradición de que nuestras abuelas fueran a misa con la cabeza cubierta.

Asimismo se le han atribuido poderes o propiedades mágicas. Los amantes intercambiaban mechones y los caballeros marchaban a la batalla con un trozo del cabello de su amada para no perder el coraje ni la vida.

Varias presentadoras de televisión se han quejado de que después de conseguir entrevistas imposibles o dedicar un año a un trabajo de investigación, la mayoría de los comentarios que suscitaba la emisión de su programa se refería a su nuevo corte de pelo. El marido de Diane Sawyer, una de las locutoras de informativos más famosas de Estados Unidos, declaró a propósito del drástico corte de su melena: «Me fui a la cama con una *sex symbol* y me desperté con Peter Pan».

Un estudio de Karl Grammer, de la Universidad de Viena, encontró evidencias que confirman la creencia popular de que las mujeres muestran su interés en un hombre agitando la melena. También descubrió que, en un encuentro con un hombre, hacían el mismo número de señales positivas durante el primer minuto tanto si les interesaba como si no. Ese flirteo solo revelaba un verdadero interés si se mantenía pasados los primeros cuatro minutos. Grammer consideró que las mujeres usaban el lenguaje de su melena para que el hombre siguiera hablando hasta que ellas pudieran concluir si merecía la pena conocerle o no.

EL TACTO

El tacto nos permite explorar el mundo y relacionarnos con los demás. Nos tocamos, y la frecuencia de los contactos es proporcional a la intimidad: tocamos a los amigos, pero más a los parientes y más aún a la pareja. Hemos descubierto que una palmada en la espalda o una caricia son mucho más importantes de lo que creíamos.

Los abrazos y las caricias contribuyen a fortalecer una relación, según un estudio publicado en junio del 2020 en el *Journal of Social and Personal Relationships*. Los investigadores exploraron los efectos del contacto íntimo no sexual, como abrazar, tomar la mano o acariciar, en 184 parejas. Los participantes completaron autoinformes separados que registraron la cantidad de tocamientos que realizaban en su vida cotidiana, su satisfacción con las caricias y el estado general de la relación. Los niveles más altos de afecto mostrado mediante el tacto se relacionaban con una mayor satisfacción en la relación de pareja. Hacer el esfuerzo de tocar al otro era beneficioso porque la pareja reconocía el interés en acercarse y el deseo de involucrarse y estar próximos. Aunque los resultados no permitieron establecer una relación causa-efecto, estos pequeños gestos parecían mejorar la relación.

El sentido del tacto es el primero que se desarrolla en el útero y ya está activo ocho semanas después de la concepción. En las ecografías se aprecia lo mucho que el feto puede tocar o sentir: desde chuparse un pulgar o agarrar el cordón umbilical hasta empujar el abdomen de la madre. Se cree que en estas etapas prenatales el tacto emocional es importante. El líquido amniótico que circula alrededor del feto puede afectar al desarrollo de su cerebro. Las interacciones táctiles, primero entre la madre y el feto y más tarde entre los dos padres y el bebé, no son solo agradables, sino que resultan fundamentales para un desarrollo adecuado de las regiones cerebrales que gobiernan el comportamiento social, incluida la ínsula, e incluso contribuyen a la formación del sentimiento de uno mismo. Otras investigaciones han revelado que el tacto confiere al mundo un contexto emocional y ayuda a construir relaciones y a impulsar la confianza.

Cuando pensamos en los sentidos, la vista y el oído ocupan el lugar principal, pero el tacto es mucho más interesante de lo que a menudo pensamos. La piel es nuestro órgano sensorial más extenso, alcanza un peso de hasta seis kilos y está densamente recubierta de receptores sensoriales. Los nervios que llevan la información captada por esos receptores son variados. Las fibras de tipo A se encargan del trabajo pesado: transportar mensajes urgentes de dolor, presión, vibración y cambios en la temperatura. En el otro extremo están las fibras de tipo C, que son finas y transmiten información dolorosa menos urgente, como una molestia muscular o un calambre, de ahí que sean relativamente lentas (tardan alrededor de un segundo en llevarla de una extremidad al cerebro). A finales del siglo XX se descubrió un nuevo tipo de fibras C llamadas C-táctiles o CT, que se activan por las caricias. Mientras que la mayoría de los receptores táctiles están concentrados en lugares como la yema de los dedos o los labios, los receptores de las fibras CT se encuentran en la piel con vello, en particular en la parte superior de la cabeza, el torso superior, los brazos y los muslos.

En el cerebro, las fibras nerviosas que transportan información táctil llegan a una zona receptora llamada corteza somatosensorial. Las fibras CT también conectan con la ínsula, que está implicada en las emociones y tiene conexiones con una red de regiones involucradas en el pensamiento sobre otras personas y sus intenciones. Estas regiones responden a una amplia variedad de señales, como las expresiones faciales, lo que sugiere que el tacto podría ser otra manera de comunicar las intenciones sociales. De hecho, el sistema de fibras CT responde principalmente a contactos leves y de baja velocidad (entre tres y cinco centímetros por segundo), y en especial a las temperaturas cálidas. En resumen, parece que está adaptado precisamente para ese tipo de tacto, llamado toque social o emocional, que se establece entre dos personas enamoradas o entre una persona y su hijo.

En el mundo animal también se da este fenómeno. Muchos mamíferos sociales se tocan constantemente, se acicalan, se despiojan, y el estudio de su cerebro muestra que en esos procesos se liberan endorfinas. Esta sensación de placer los anima a pasar tiempo juntos, lo que a su vez contribuye a desarrollar vínculos y a impulsar la confianza en el grupo.

¿Se podría añadir el tacto a nuestras relaciones por internet? Distintas empresas trabajan para lograrlo. La Hug Shirt (Camiseta de los Abrazos) está equipada con sensores capaces de registrar digitalmente un abrazo al rodearte con tus propios brazos. Un archivo con esos datos digitales se envía a la persona querida, que lleva puesta una camiseta similar, la cual recrea el abrazo, tanto la fuerza en cada punto como su dirección. Un artilugio similar es el Glove One, desarrollado por la empresa española Neurodigital Technologies. Se trata de un guante que permite interactuar con un mundo virtual mediante un avatar de nuestra propia mano, haciendo que esta responda a nuestros movimientos. Las vibraciones del guante son capaces de hacer creer a nuestro cerebro que estamos tocando algo de verdad. Parejas similares de aparatos basados en la tecnología háptica transmiten caricias, palmadas, cambios de temperatura o vibraciones a través de internet. De momento se piensa en aplicarlos al juego y al sexo, pero también podrían destinarse al amor.

EL OLFATO

Los olores no solo son importantes a la hora de buscar pareja, sino que también despiertan en nosotros un aluvión de respuestas que pueden reducir nuestros niveles de estrés y relajarnos. Según un estudio de la Universidad de Columbia publicado en el *Journal of Personality and Social Psychology*, el olor de la pareja ayuda a disminuir el estrés, mientras que el de un extraño nos pone nerviosos. Para el experimento se seleccionó a parejas heterosexuales y se hizo entrega de camisetas nuevas a los hombres para que las llevaran durante varios días (sin fumar ni ponerse desodorante) y las impregnaran así de su olor corporal. (Por cierto, los investigadores observaron que muchas personas duermen con la camiseta de su pareja o la dejan en su lado de la cama cuando el otro no está en casa). Se pidió entonces a las mujeres (cuyo sentido del olfato es normalmente más fino que el de los hombres) que olieran la camiseta sin saber que la había llevado su pareja. Después se les hizo una prueba de saliva para medir sus niveles de cortisol, y se detectó que cuando olían la ropa de su pareja, disminuía su nivel de cortisol, la hormona que nos alerta del peligro. El olor de nuestra pareja nos tranquiliza y nos atrae.

Se sabe que los olores corporales están involucrados en la atracción sexual entre los seres humanos. Pero ¿cómo afecta el enamoramiento a nuestra percepción y procesamiento de estos olores? Para averiguarlo, Johan N. Lundström y Marilyn Jones-Gotman, de la Universidad McGill de Montreal, pasaron un cuestionario de la Escala de Amor Apasionado (véanse las pp. 95-97) a 20 mujeres que mantenían una relación, para determinar cuánto se habían enamorado. Entretanto, las parejas de las mujeres y sus amigos durmieron siete noches seguidas con una camiseta de algodón equipada con unas almohadillas en la zona de las axilas para absorber el sudor. A continuación, cada mujer debía adivinar cuál era la camiseta de su pareja de entre tres prendas, una de las cuáles había sido usada por la pareja, otra por un amigo y la tercera por un extraño. Las puntuaciones de las mujeres en la Escala de Amor Apasionado no guardaron ninguna relación con su capacidad de reconocer la camiseta de su pareja frente a las que habían usado otros, pero las mujeres que según el cuestionario estaban más profundamente enamoradas tenían más dificultades para distinguir el olor de un amigo frente al de un extraño. Estos resultados respaldan la teoría de la atracción romántica conocida como «desviación», según la cual estar enamorado de alguien implica una reducción de la cantidad de atención que prestamos a otros posibles pretendientes.

La noche

Shakespeare dijo: «La luz y el placer son enemigos mortales». Quizá es por esa sensación de privacidad y refugio que nos embarga cuando la tarde se va apagando. El caso es que el momento más popular para mantener relaciones íntimas es después de las once de la noche. Al parecer no obedece a ritmos naturales intrínsecos, lo que llamamos ritmos circadianos, sino a nuestros horarios de trabajo y a las tareas del hogar: ese rato entre la cena y el sueño es muchas veces el único que podemos dedicar en exclusiva a la pareja. Pero hace falta una conexión entre los dos, pues hay personas que son madrugadoras y otras que prefieren trasnochar (lo que los anglosajones denominan «alondras» y «búhos» respectivamente). Las parejas en las que uno es madrugador y el otro trasnochador valoran su relación como menos satisfactoria que aquellas que tienen un cronotipo similar, quizá porque disponen de menos tiempo para actividades conjuntas y es más difícil que ambos coincidan en su apetito sexual.

Al contrario que otras especies próximas a la nuestra, que suelen escoger el momento del sexo para maximizar el éxito reproductivo, el mundo interpersonal humano está alejado de los ritmos reproductores y de los niveles de hormonas. La concentración de testosterona, por ejemplo, se reduce al final de la tarde y es especialmente alta por la mañana, alcanzando su pico a las 8 horas. La calidad del esperma sube por la tarde, con unos 35 millones de espermatozoides más que por la mañana. Por tanto, un buen consejo para las parejas que quieren tener descendencia sería no dejar el sexo para la noche; la siesta es el momento ideal.

No estamos seguros de por qué relacionamos el amor con la noche. «Dormir con alguien» se ha convertido en sinónimo de tener relaciones sexuales. Los antropólogos sostienen que la infidelidad sexual oportunista se produce a cualquier hora del día, empezando por el amanecer. Por lo visto, en muchas culturas es a esa hora temprana cuando los cazadores-recolectores salen de su choza o refugio para orinar, momento que aprovecha su pareja para «echar un rapidito» con otro hombre.

Asimismo desconocemos por qué las parejas casadas duermen normalmente juntas. Una hipótesis es que, al contrario que la mayoría de los mamíferos, caminamos erguidos, por lo que la gravedad puede hacer que el tracto reproductor de la mujer pierda gran parte del esperma eyaculado. Así, yacer juntos después del sexo aumentaría las posibilidades de concebir. También puede ayudar a reforzar los sentimientos de intimidad y de placer, algo que parece afectar positivamente a la concepción.

Otra explicación podría ser el refuerzo de la relación: una pareja que duerme junta, con un estrecho contacto físico, induce la liberación de oxitocina, que fortalece el vínculo. Otras hipótesis son que acompañado se duerme más caliente en las noches de invierno y que cuatro oídos detectan mejor un peligro, como el ataque de un animal salvaje o de un enemigo. En conclusión, el amor nocturno favorece los sentimientos de proximidad, cuidado mutuo, protección y unión.

EL VELLO FACIAL

Los expertos en moda masculina anuncian cada cierto tiempo que la época de las barbas ha tocado a su fin, pero los hombres siguen dejándosela, ya sea de unos pocos días o larga y poblada. Aparte de la moda, hay también evidentes factores culturales y religiosos. Según el islam, el cristianismo tradicional, el judaísmo ortodoxo y el sijismo, es imprescindible que los varones adultos lleven barba, así que los hombres se la dejan como parte de su doctrina. Y en ciertas culturas, aunque su uso no se prescriba oficialmente, la barba es un rasgo fundamental de la virilidad del hombre y revela virtudes como la sabiduría, la fuerza, la destreza sexual y un alto estatus social.

Un equipo de investigación de la Universidad de Queensland, en Australia, hizo un experimento para determinar si el vello facial desempeñaba algún papel en el atractivo sexual, la masculinidad y las relaciones a corto y a largo plazo. Se recabaron datos de 8520 mujeres que habían sido divididas en tres grupos. A cada grupo se les mostraron fotografías de hombres con varias longitudes de pelo facial. En las imágenes, que habían sido manipuladas, se veía a los mismos hombres con mucha barba (un mes sin afeitarse), media barba (10 días), barba escasa (cinco días) o nada de barba (recién rasurados). A continuación, a cada grupo se le preguntó sobre el atractivo de los hombres. El primero clasificó las fotografías por su atractivo sexual, sin más; el segundo, por su atractivo para una relación fugaz, y el tercero, para una relación a largo plazo.

Las respuestas se publicaron en el *Journal of Evolutionary Biology*. En general, los hombres considerados más atractivos eran los que lucían una barba de 10 días, seguidos por los que la tenían de cinco. La puntuación más baja en la escala de atractivo la obtenían los barbudos y los recién afeitados (para disgusto de quienes nos pasamos la cuchilla todas las mañanas).

Pero los resultados dependían de lo que la mujer estuviera buscando. Para las interesadas en una relación esporádica, los hombres con barba de cinco días eran más atractivos que los que la tenían de 10 días. Sin embargo, para las que buscaban un compromiso, alguien con quien tener hijos o una relación duradera, los hombres con barba de un mes o de 10 días se situaban claramente por encima del resto. Por tanto, si eres hombre y estás buscando una pareja estable, quizá debieras afeitarte menos. Si, por el contrario, lo que quieres es un poco de juerga nocturna, recuerda el «pobre aliño indumentario» del que hablaba Machado y apuesta por un aspecto *homeless chic.*

El equipo de investigación planteó la hipótesis de que, para las mujeres que buscan una pareja estable, la barba poblada «indica la habilidad del hombre para conseguir recursos», algo que quizá fuese cierto en la cueva de Atapuerca, pero que ahora no parece tan claro. Barnaby Dixson, uno de los autores del estudio, que ha analizado durante años las preferencias en la búsqueda de pareja, explica que ambos sexos tienden a juzgar a los hombres con barba como mayores y más masculinos, además de generosos, sinceros, trabajadores y seguros de sí mismos. Pero el Dr. Dixson, que por cierto luce una tupida barba, señala que su investigación también demuestra que el pelo facial se asocia a ciertos rasgos antisociales como la agresividad y un carácter dominador. Un hombre barbudo parece propenso a meterse en peleas o a imponer su rango frente a los otros. Estas características quizá no sean muy atrayentes si estás buscando un hombre para echar una canita al aire, pero pueden funcionar si lo que quieres es un macho alfa que proteja a la familia y ahuyente a los depredadores.

Los gais también prefieren a los hombres con barba. El mismo equipo de investigación australiano entrevistó a 1577 hombres y mujeres sobre el vello facial. En comparación con las mujeres heterosexuales, los gais mostraban una preferencia aún más marcada por los hombres con barba. Este resultado encaja con estudios previos según los cuales los hombres homosexuales, en general, se sienten claramente atraídos por los caracteres masculinos, si bien se observan diferencias culturales: los brasileños prefieren barbas más pobladas que los checos. Los gais se decantan por hombres con una barba parecida a la suya, mientras que las mujeres prefieren a los que lucen una barba similar a la de su padre cuando eran niñas. También encontraron que a muchos gais les gustaría que su pareja se dejara una barba más densa, pero puesto que creen que no es fácil de llevar, terminan conformándose.

¿Y si no se puede conseguir la barba soñada? Según la Sociedad Internacional de Cirugía de Restauración del Cabello (ISHRS por sus siglas en inglés), cada vez más hombres recurren a trasplantes faciales de pelo. En solo dos años, del 2012 al 2014, el número de este tipo de trasplantes pasó de 4707 a 13 956. Es especialmente popular en los países asiáticos, donde por motivos genéticos una barba densa es difícil de conseguir.

La decisión de dejarse barba también depende del contexto. Un estudio reveló que las barbas eran más comunes en ciudades con mucha población, en particular en zonas de bajos ingresos. En este ambiente, donde la competencia para encontrar pareja es muy dura, parece que los hombres se dejan barba para reforzar su aspecto masculino. Por el contrario, cuando la competencia es más reducida y la necesidad de mostrar una posición elevada en la jerarquía reviste menos importancia, los hombres suelen rebajar su masculinidad afeitándose o luciendo una barba corta y muy cuidada. Esa puede ser la explicación de que en las zonas residenciales la barba sea mucho menos común que en los barrios populares.

Otro factor que influye en la decisión de dejarse barba parece ser la cantidad de barbudos que haya en nuestro entorno. La barba pierde atractivo cuando está muy extendida. De ahí que la moda de dejarse barba fluctúe tanto con el tiempo. Otros autores consideran que son la historia y la cultura, más que la ciencia, las que otorgan cierto significado al pelo facial. En México o en Turquía, el bigote parece casi obligatorio, y en muchos países musulmanes como Arabia Saudí, Irán o Afganistán el porcentaje de barbas largas es alto. En la actualidad, parece que la barba se asocia a una mayor madurez, confianza y fiabilidad. Cuando la masculinidad se redefine, el pelo facial se adapta a la nueva situación.

EL EFECTO HALO

El efecto halo, término acuñado por Edward L. Thorndike, hace referencia a afirmaciones exageradas o irreales sobre destrezas, capacidades o atributos de una persona o de una circunstancia. Es un sesgo cognitivo que se produce cuando alguien tiene que emitir un juicio que, por el apresuramiento y la escasez de información fiable, entraña una alta incertidumbre. Este efecto se da en muchos ámbitos de la vida cotidiana, incluyendo las aulas de enseñanza y los procesos judiciales, y también a la hora de establecer una relación con otra persona.

El atractivo físico es la variable que más evoca el efecto halo. Juzgamos la personalidad de un individuo a partir de sus rasgos físicos (color de los ojos, color del cabello, peso). Por ejemplo, alguien físicamente atractivo también es percibido en gran medida como generoso, inteligente, exitoso, amistoso, honesto, aunque no dispongamos de ninguna información sobre su personalidad. Ya lo decía aquella vieja canción: «Que se mueran los feos».

En un estudio realizado por Karen Dion y Ellen Berscheid en 1972, a 60 estudiantes de la Universidad de Minnesota, la mitad hombres y la mitad mujeres, les mostraron tres fotografías: de una persona claramente atractiva, de alguien con un atractivo medio y de alguien con poco atractivo. A cada una de esas tres personas, los estudiantes debían asignarles rasgos de la personalidad incluidos en una lista de 27 elementos (altruismo, asertividad, estabilidad, empatía, confianza, honestidad, extroversión, bondad y promiscuidad, entre otros), así como un estatus socioeconómico y un nivel de felicidad en diversas áreas de la vida. El resultado fue que la mayoría de los estudiantes juzgaron a la persona más atractiva con los rasgos de la personalidad más deseables. Les parecía feliz, de buena familia y con un estatus social y una situación económica ventajosos.

Un estudio similar demostró el efecto halo al analizar los juicios masculinos sobre la inteligencia y competencia femenina en tareas académicas. El experimento consistía en que 60 estudiantes universitarios de sexo masculino calificaran la calidad de un conjunto de ensayos académicos, algunos bien escritos y otros mal escritos. A un tercio de los individuos se les presentó la fotografía de una mujer atractiva como autora de los textos, a otro tercio la de una mujer poco atractiva y al resto (el grupo de control) la de una mujer con un atractivo medio. Los textos acompañados de la imagen de la mujer atractiva recibieron una puntuación significativamente más alta.

En una escala del 1 al 9, el ensayo bien escrito de la supuesta autora atractiva obtuvo un promedio de 6,7 puntos, mientras que el mismo texto junto a la imagen de una mujer poco atractiva fue puntuado con un 5,9 (el grupo de control le concedió un 6,6 de media). La diferencia fue todavía mayor en el ensayo mal redactado: 5,2 cuando la supuesta autora era la mujer atractiva, 4,7 cuando era la mujer de atractivo medio y un 2,7 cuando se trataba de la mujer poco agraciada. Estos resultados sugieren que los lectores masculinos están en general predispuestos a dar a las mujeres físicamente atractivas el beneficio de la duda cuando su rendimiento académico no es bueno.

F. R. Moore, D. Filippou y D. I. Perrett realizaron otra investigación en el 2011 sobre los factores implicados en la percepción de la inteligencia en el rostro femenino. Más de 300 fotografías de estudiantes universitarios británicos blancos fueron calificadas según la inteligencia que proyectaba su imagen. Aquellas que obtuvieron la peor puntuación se fusionaron para crear un rostro compuesto de baja inteligencia, y viceversa. En total, se crearon cuatro grupos de rostros compuestos: hombres y mujeres de alta y de baja inteligencia. A continuación, reclutaron a 164 mujeres y 92 hombres heterosexuales para que calificaran la inteligencia y el atractivo físico de cada uno de los rostros compuestos. Entre las imágenes compuestas de mujeres, los grupos percibidos como de alta inteligencia y de baja inteligencia fueron calificados como igualmente atractivos. Sin embargo, entre los rostros compuestos masculinos, el grupo percibido como de alta inteligencia fue calificado como significativamente más atractivo que el percibido como de baja inteligencia. Este resultado sugiere que o bien los autores del estudio no lograron controlar adecuadamente el efecto halo de las fotografías compuestas masculinas, o bien que la inteligencia es un factor integral de atracción en los rostros masculinos de alta inteligencia.

En la segunda parte del estudio, las fotografías compuestas del grupo percibido como de alta inteligencia (tanto de hombres como de mujeres) obtuvieron una mayor puntuación en categorías como la amabilidad y la diversión. Aunque la inteligencia no parece ser un factor que contribuya al atractivo de las mujeres, en lo que respecta a los hombres, los rostros atractivos son percibidos por ambos sexos como más inteligentes, amigables y divertidos.

MALES DE AMORES

Razón, razón, ¿hasta cuándo el amor te ha
de vencer?

CALDERÓN DE LA BARCA,
La banda y la flor

PERSONAS INCAPACES DE AMAR

El cerebro es la estructura más compleja del universo:
tiene 86 000 millones de neuronas conectadas por billones de cables biológicos. Su desarrollo es desmesurado,
produce en la infancia temprana más de 200 000 millones de neuronas y destruye luego aquellas que no se han
conectado correctamente. Además, está en constante
cambio: añade miles de neuronas cada uno de los días de
toda nuestra vida, suma y elimina conexiones, reestruc-
tura circuitos y almacena nuevos conocimientos y recuerdos. Una capacidad plástica asombrosa. Dada semejante complejidad, no es de extrañar que a veces no
funcione del todo bien y que sufra daños.

Un concepto clave de la neurociencia moderna es la
neurodiversidad. Nuestros cerebros son diferentes, por
eso somos diferentes. Esas diferencias se basan en la genética, en las condiciones del feto (alimentación, estrés,
consumo de alcohol por parte de la madre, etc.), en las

circunstancias del parto (si hubo o no dificultades) y en las experiencias de la infancia, en particular si se atraviesan etapas de sufrimiento por lesiones, abandono, abusos, enfermedades o cualquier otro aspecto negativo. Un niño necesita alimentación y cariño para desarrollarse bien.

Además de la neurodiversidad, hay que tener en cuenta si alguna función cerebral no se ejecuta correctamente. Hay personas ciegas de nacimiento, o que tienen dificultades para aprender, o que sufren ataques epilépticos. También las hay incapaces de amar, por motivos muy diversos. A algunos individuos les cuesta establecer vínculos; otros tienen pensamientos obsesivos que hacen que se sientan atraídos sexualmente por niños, animales u objetos; otros odian al resto de la humanidad o son reacios a compartir, a socializar y a querer. Cuando estas circunstancias alcanzan un nivel preocupante, patológico, hablamos de psicopatía.

La psicopatía es un trastorno de la personalidad caracterizado por un comportamiento antisocial, escasa empatía y remordimiento y rasgos egoístas intensos, sin ningún tipo de inhibición. El cerebro es incapaz de sentir emociones, tampoco amor. Los manuales de diagnóstico no usan el término de «psicopatía», sino que incluyen a los individuos que presentan estas características en los trastornos de la personalidad. La psicopatía se ha relacionado también con un alto nivel de psicoticismo, que hace referencia a tendencias hostiles. Otros aspectos asociados a la psicopatía son la escasa socialización, la incapacidad de responsabilizarse de los propios actos, la impulsividad y la búsqueda enfermiza de nuevas sensaciones y experiencias.

Algunos estudios estiman que entre un 0,5 y un 1 % de la población padece psicopatía, lo que implica que, aunque no nos hayamos dado cuenta, todos hemos tratado o tratamos con algún psicópata. Puede ser un compañero de estudios o de trabajo, un vecino o incluso una pareja. Cabe recordar que los psicópatas no solo pueden parecer normales, sino que a veces llegan a ser encantadores, y que hay personas a las que esos rasgos de la personalidad les resultan atractivos. Les fascinan los típicos «malotes»: egoístas, seguros de sí mismos, independientes, despiadados.

Los sistemas de diagnóstico utilizan listas de comportamientos y rasgos para identificar a los psicópatas. Entre ellos se cuentan: mentir de manera patológica, tener un escaso dominio sobre los impulsos, ser un controlador, tender al aburrimiento y a la promiscuidad, llevar una vida parasitaria (vivir de los recursos de los demás), no responsabilizarse de los propios actos y no conocer la empatía, el remordimiento ni la culpa. Los psicópatas no muestran ningún síntoma de enfermedad mental, no tienen alucinaciones ni oyen voces, no están confusos ni ansiosos, ni se ven arrastrados por sus compulsiones. A menudo gozan de una inteligencia superior a la media. Simplemente no les importa nada aparte de ellos mismos, y si gozan de poder sobre un grupo o una persona, son capaces de traer el infierno a la tierra.

Estudios sobre la estructura y funciones del cerebro de los psicópatas han encontrado anomalías significativas en algunas áreas implicadas en la relación con los otros, como la corteza orbitofrontal, la amígdala y el sistema paralímbico, que incluye la corteza cingulada anterior y la ínsula, ambas zonas involucradas en el amor, como ya hemos visto. La corteza orbitofrontal interviene en el procesamiento de las emociones, la consecución de objetivos, la motivación y el autocontrol; la amígdala, en la sensación de miedo y en la reacción de «lucha» o «huida». Dentro del sistema paralímbico, la corteza cingulada anterior regula los estados emocionales, ayuda a controlar los impulsos y revisa el comportamiento para detectar errores, mientras que la ínsula reconoce el incumplimiento de las normas sociales e interviene en la experiencia del enfado, el miedo, la empatía, la repugnancia y el dolor. Los psicópatas no suelen experimentar dolor y se distinguen por su falta de miedo: cuando ven imágenes de alguien atacándolos o apuntándoles con un arma, no parpadean como hace la población normal. Si estos datos se confirmaran, demostrarían que su cerebro procesa la información de manera diferente al resto de las personas, dificultando su desarrollo emocional.

Pero eso no quiere decir que de buenas a primeras sea fácil identificar a un psicópata. La mayoría parecen amables y llevan una vida aparentemente normal. Sin embargo, carecen de empatía y no aceptan las obligaciones sociales más básicas. No se ponen en la piel del otro, no aprenden de los errores, mienten y manipulan, pueden cometer crímenes horrendos y no mostrar ningún tipo de remordimiento o pesar. En realidad, no experimentan ningún sentimiento que exija cierta introspección, profundidad o empatía.

La mayoría no somos así. Las emociones pintan de colores nuestro mundo. Influyen en nuestras decisiones, nos conectan con las demás personas y con los lugares y ayudan a definir quiénes somos, cómo nos comportamos, cuál es nuestra tribu, de qué modo queremos vivir. La mayoría sabemos querer y queremos querer.

EL DONJUANISMO Y LA HIPERSEXUALIDAD

La historia del donjuanismo precede, con mucho, a la figura de Don Juan. Cada época llama de manera distinta al deseo amatorio exagerado y a la actividad amorosa o sexual compulsiva: satiriasis, masturbación compulsiva, erotomanía, comportamiento sexual compulsivo, hiperfilia, trastorno hipersexual, compulsividad sexual, dependencia amorosa, comportamiento sexual descontrolado, comportamiento amatorio compulsivo, impulsividad sexual, hipersexualidad problemática o adicción al sexo (o al cibersexo). Estos términos no siempre se refieren exactamente a lo mismo, pues denotan trastornos con características, causas y pronósticos no coincidentes, pero todos encajan en el marco general de la hipersexualidad, un deseo desaforado o promiscuidad que puede afectar seriamente a la cotidianidad y a la calidad de vida.

La hipersexualidad se define como el deseo o la actividad sexual que suceden súbitamente y con gran frecuencia en un ambiente inapropiado. En ocasiones la causa es algún problema de salud, como la hipomanía de los trastornos bipolares, el síndrome de Klüver-Bucy o el de Kleine-Levin, los trastornos esquizoafectivos o la enfermedad de Pick. También puede ser consecuencia del consumo de ciertos fármacos o sustancias químicas que aumentan el deseo sexual (entre ellas, las utilizadas para el tratamiento de la enfermedad de Parkinson o las metanfetaminas) o que desinhiben (el alcohol y otras drogas). Desconocemos la proporción de individuos afectados de hipersexualidad. Según Alfred Kinsey, uno de cada 14 hombres tiene uno o más orgasmos al día, pero no está claro si esta frecuencia entra o no en el rango de la normalidad.

Según Rufo de Éfeso, médico de la Antigua Grecia (siglo I), las personas con hipersexualidad —por entonces asociada al priapismo o erección continua— debían evitar los pensamientos, sueños y conversaciones de índole erótica y ser tratadas con sangrías, una dieta estricta y baños fríos y calientes. Para los estudiantes de Galeno, las causas de la hipersexualidad eran la mala alimentación, el abuso de sustancias tóxicas y los hábitos sexuales inmoderados. El sexo compulsivo no satisfacía ni reducía el deseo, sino que llevaba a una pulsión sexual que se retroalimentaba en una espiral insaciable. Algunas de las ideas de Galeno (por ejemplo, las sangrías como forma de tratamiento) fueron descartadas al implantarse la experimentación, la observación reglada y el método científico.

Con el desarrollo de la ciencia moderna quedó claro que el cerebro es el principal órgano de la sexualidad, de modo que los frenólogos —ese grupo a medio camino entre la charlatanería y el emplazamiento científico de la actividad conductual— iniciaron la búsqueda de la localización encefálica del donjuanismo. Pese a lo inexacto de sus teorías, supuso un avance que fijaran dicho trastorno en una zona cerebral y no en los órganos sexuales. Estos embaucadores siguen activos doscientos años después de que fueran totalmente desacreditados, y la página web de la Red de Psíquicos y Médiums —compuesta por timadores y engañabobos como los que frecuentan cierto programa de televisión— asegura en pleno siglo XXI que la presencia de bultos en la parte inferior de la nuca aumenta las posibilidades de ser hipersexual. Que nadie se palpe la cabeza en busca de tales bultos, porque esta hipótesis no tiene ningún fundamento. Es más interesante y productivo revisar las explicaciones que ha ofrecido la comunidad científica sobre la hipersexualidad.

A lo largo del siglo XIX se estudiaron con gran interés los comportamientos «aberrantes» de individuos que, siendo aparentemente buenos ciudadanos, se convertían de la noche a la mañana en seres asociales, delictivos y peligrosos tras sufrir una lesión o una enfermedad, o incluso sin causa reconocida. El *London Medical and Physical Journal* publicaba en 1833 el caso de un hombre de 55 años, «de modales suaves y carácter pacífico, así como muy devoto», que experimentó un llamativo cambio en su personalidad al caerse y golpearse la cabeza con el armazón de la cama:

> Está atacado de una satiriasis violenta y continua, y de tal salacidad que persigue sin medida a su esposa, a sus hijas y a todas aquellas mujeres que se cruzan en su camino. Este hombre, anteriormente tan pío y modesto, ha caído en un delirio erótico extremo y se abandona sin medida a realizar proposiciones y actos de la máxima indecencia. Este estado de cosas se ha ido incrementando en los últimos tres meses, tiempo en el cual su

mente y sus fuerzas se han ido debilitando, cuando tras un violento arrebato, causado por el rechazo de su esposa, cayó en una convulsión.

La mayoría de los médicos europeos sostenían que el donjuanismo estaba asociado a un exceso de masturbación. Ambos trastornos podían causar graves daños en el sistema nervioso, en particular en la memoria y en la inteligencia. El médico Michael Ryan escribía en 1839:

> Satiriasis y ninfomanía son enfermedades cuyos pacientes sienten un deseo irresistible de copular, así como un abuso de las funciones reproductivas. La primera enfermedad ataca al varón y la segunda a la mujer. El Sr. Deslandes es de la opinión, y yo estoy totalmente de acuerdo con él, de que no existe una diferencia real entre estas enfermedades y la masturbación compulsiva, y de que deben ser consideradas tipos de locura.

En la época victoriana, las mujeres que se masturbaban eran etiquetadas de promiscuas, e incluso a aquellas que sufrían agresiones sexuales se las consideraba enfermas mentales y en algunos casos se las internaba en un hospital psiquiátrico. Allí eran sometidas a un examen pélvico y, si tenían el clítoris engrosado, se les aplicaba un tratamiento a base de vómitos inducidos, sangrías, aplicación de sanguijuelas, dieta estricta, duchas frías, chorros de agua dirigidos a la cabeza o a los pechos y, en ocasiones, ablación del clítoris.

Durante la segunda mitad del siglo XIX y comienzos del XX, muchos consideraron la satiriasis, junto con otros trastornos de la sexualidad, como una manifestación de la degeneración hereditaria del sistema nervioso. Como sucede en gran medida en nuestra sociedad actual, algunos intelectuales de la década de 1920 afirmaron que el incremento aparente de la hipersexualidad y de las denominadas perversiones sexuales estaba asociado a una «enfermedad social», por aquel entonces el gran desarrollo de la ansiedad y los miedos sociales que acompañaron el impacto de la I Guerra Mundial y la posguerra.

En los años sesenta se planteó el uso de fármacos a base de hormonas para inhibir el deseo de los delincuentes sexuales, lo que se conoce como castración química. El Parlamento alemán, que debatía la idoneidad de dichos tratamientos, invitó a la Dra. Ursula Laschet, directora del Departamento de Psicoendocrinología del Hospital Psiquiátrico del Palatinado, a una comisión especial celebrada en noviembre de 1968. Laschet reveló que una tercera parte de los 80 pacientes que en ese momento se medicaban habían acudido voluntariamente a la clínica por dificultades en su matrimonio; el motivo: hipersexualidad.

El Dr. Werner Krause, del Instituto de Investigación sobre Sexualidad de la Universidad de Hamburgo, defendía que era imprescindible distinguir entre los adictos al sexo que no se metían en problemas con la ley y aquellos otros que cometían acosos sexuales o violaciones. Para algunos especialistas no se trata de un problema de adicción al sexo, sino de un trastorno compulsivo o de un control deficiente sobre el equilibrio de los impulsos y las inhibiciones.

El concepto de hipersexualidad como adicción fue planteado en la década de 1970 por miembros de Alcohólicos Anónimos que creían que su conducta sexual se parecía demasiado a sus hábitos de consumo de alcohol. Posteriormente se crearon en Estados Unidos redes de apoyo y terapia para los adictos al sexo, como Sex Addicts Anonymous, Sexaholics Anonymous, Sex and Love Addicts Anonymous o Sexual Compulsives Anonymous. El grupo de revisión del *Manual diagnóstico y estadístico de los trastornos mentales* de la Asociación Americana de Psiquiatría propuso añadir la adicción sexual en la última edición (2013), pero se desestimó al considerar que no hay suficientes pruebas de que sea comparable a las adicciones a sustancias químicas.

La actividad sexual compulsiva, más que satisfacer un deseo sexual, pretende mitigar la ansiedad o la tensión. El problema es que la persona afectada, tras un alivio momentáneo, puede experimentar sentimientos de vergüenza, lo que no hace sino aumentar la tensión a largo plazo. El proceso se retroalimenta, y la ansiedad y la hipersexualidad se vuelven crónicas.

Algunos científicos consideran que el donjuanismo es un problema neurobiológico con un sustrato histológico o bioquímico en el lóbulo frontal del cerebro, causado por células dañadas, malas conexiones o alteraciones en la química de los transmisores. Las personas que sufren lesiones en esta zona muestran en ocasiones un comportamiento sexual inapropiado. También se detecta en un porcentaje de entre el 7 y el 8 % de los pacientes de Alzheimer. Sin embargo, hay quien sostiene que el donjuanismo forma parte de nuestra afición a patologizar, a convertir en enfermedad todo lo que se sale de lo comúnmente aceptado. Según este enfoque, calificar un comportamiento de «excesivo» o «extremo» estigmatiza a las personas que no se ajustan a las convenciones sociales de un lugar y un tiempo determinados.

Una de las explicaciones neurobiológicas de la hipersexualidad es que un comportamiento sexual compulsivo y con una fuerte implicación emocional podría llegar a alterar los circuitos cerebrales, que «aprenderían» ese comportamiento y reforzarían el ansia sexual, un proceso parecido a la potenciación a largo plazo que se observa en la memoria y el aprendizaje.

Adrian Boström y sus colegas de la Universidad de Upsala, en Suecia, compararon muestras de sangre de 60 personas con hipersexualidad y 33 controles en busca de diferencias en los marcadores epigenéticos, es decir, señales en el ADN que no son heredadas y que determinan qué genes se activan y cuáles se desactivan. Descubrieron dos regiones del genoma distintas en los individuos hipersexuales. Las diferencias estaban asociadas a bajos niveles de la molécula MIR4456, que suprime la señalización de la oxitocina. Este resultado encaja con otros trabajos que muestran que los pacientes con trastorno hipersexual presentan unos niveles anormalmente altos de oxitocina, de ahí su respuesta anormalmente alta tras un encuentro sexual. Tales niveles se pueden reducir con terapia cognitiva conductual, y se está estudiando el empleo de fármacos, lo que abriría la puerta a nuevos tratamientos.

ANHEDONIA

Antiguamente la anhedonia hacía referencia a la incapacidad de experimentar placer o a la disminución del interés en realizar actividades agradables, pero en la actualidad los investigadores la asocian a la reducción de la motivación, del placer anticipado (deseo) y del placer consumado, así como a las carencias en el aprendizaje de refuerzo. Según la última edición del *Manual diagnóstico y estadístico de los trastornos mentales*, publicada en el 2013, la anhedonia es un componente de los trastornos depresivos, los trastornos relacionados con el consumo de ciertas sustancias, los trastornos psicóticos y los trastornos de la personalidad.

En relación con el amor, destacan dos tipos de anhedonia: la sexual y la social. La anhedonia sexual afecta al hombre que eyacula y a la mujer que tiene orgasmos sin experimentar placer, algo que parece un contrasentido. Las causas pueden ser alteraciones bioquímicas como la hiperprolactinemia o la baja producción de testosterona, enfermedades como el trastorno de deseo sexual hipoactivo o la esclerosis múltiple, y condiciones cotidianas como la fatiga.

La anhedonia social se caracteriza por el retraimiento de la persona afectada, que típicamente se manifiesta como indiferencia al prójimo, disminución de la capacidad de experimentar placer en las interacciones sociales, aislamiento, falta de amigos cercanos y de relaciones íntimas, y baja calidad de esas relaciones. En contraste con la introversión, una dimensión no patológica de la personalidad humana, en la anhedonia social se da un déficit en la capacidad de experimentar placer en el contacto social. Implica la disminución del afecto positivo pero, a diferencia de la ansiedad social, carece de un componente negativo exagerado. Puede evolucionar potencialmente en la mayoría de los trastornos de la personalidad, incluidos los del espectro de la esquizofrenia.

Parece que estamos cerca de poder tratar la anhedonia con eficacia. Zaira Cattaneo y sus colegas de la Universidad de Milán-Bicocca mostraron unas pinturas a 12 personas, que debían puntuarlas antes y después de recibir una estimulación por corriente directa transcraneal, técnica que aplica una pequeña corriente eléctrica en la corteza prefrontal dorsolateral izquierda (CPFDL) —un área del cerebro involucrada en el procesamiento de la emoción—. A los individuos del grupo de control se les colocaban los electrodos de la misma manera pero sin administrarles corriente alguna.

Tras la estimulación, los voluntarios concedieron una puntuación más alta a las imágenes que contenían escenas del mundo real o pinturas del arte clásico. Sin embargo, no se observaron diferencias en la calificación del arte abstracto, posiblemente porque este es procesado por áreas cerebrales distintas a la CPFDL. Este resultado abre el camino para una nueva disciplina, la neuroestética, que estudiaría la interacción de la actividad cerebral y el gusto artístico. Cattaneo espera que la técnica ayude a las personas con anhedonia, mejorando su sensación de placer después de estimularles la CPFDL.

AMOR Y LOCURA

La relación entre amor y locura es uno de los grandes temas literarios. Platón decía en *Fedro* que «la locura de amor es una las mayores bendiciones del cielo»; Calderón de la Barca, en *No hay burlas con el amor*, que «cuando el amor no es locura, no es amor»; Shakespeare, que el «amor es solamente una locura», y Françoise Sagan, que amó «hasta llegar a la locura; y eso a lo que llaman locura, para mí, es la única forma de amar».

Asumimos que la persona enamorada sufra un comportamiento errático, cambios súbitos de humor, falta de juicio lógico, estimación sesgada de otras personas y alteración profunda de las costumbres y los valores. Es común, asimismo, que el amor no correspondido desencadene comportamientos irracionales, los cuales se observan también en personas aquejadas de distintos tipos de trastornos mentales. Según un estudio realizado en Italia —país pasional donde los haya—, los individuos en las primeras fases del enamoramiento presentan síntomas similares a los de los pacientes del trastorno obsesivo compulsivo.

Como hemos visto, los procesos cerebrales involucrados en el amor obedecen a una química compleja en la que intervienen sistemas que utilizan neurotransmisores y neurohormonas. Evidentemente no se trata de circuitos neuronales ni de una química cerebral dedicados en exclusiva al amor, sino que los procesos del vínculo alteran la neuroquímica del encéfalo, lo que a su vez afecta al enamoramiento.

¿Y si somos rechazados? La reacción más común es amar aún más intensamente, al parecer por el incremento de la actividad de los circuitos cerebrales asociados al sentimiento pasional, pero sin el refuerzo positivo que se produce en el orgasmo. También es frecuente experimentar una sensación de pánico comparable al trastorno de ansiedad por separación que sufren las crías de muchas especies de mamíferos cuando de repente su madre está fuera de su vista. Muchos de los cuentos infantiles transmiten el pánico a quedarnos solos, como cuando Cenicienta desaparece dejando tras de sí un zapato o la Bella Durmiente debe esperar cien años a que llegue su amado.

La siguiente etapa neurobiológica del desengaño amoroso suele ser la de la rabia, el desprecio y el rencor. Curiosamente, las regiones cerebrales que contienen el circuito de recompensa, encargados de premiarnos tras una determinada acción, se solapan con las que se ocupan de activar la ira y el enfado. Parece que, en el cerebro, el dicho «del amor al odio solo hay un paso» tiene cierta razón de ser. Por último, cuando el amante despechado se resigna a su destino, se corre el riesgo de entrar en un período de depresión y desesperación que puede desembocar en comportamientos negativos, e incluso delictivos.

DELIRIO DE AMOR

La erotomanía o delirio de amor es un trastorno obsesivo comúnmente asociado a aquellos fans (contracción de «fanáticos») que pierden la cabeza por el objeto de su deseo. Aunque se encuentran referencias ya en Hipócrates, Erasístrato, Sorano, Plutarco o Galeno, la primera observación clínica la realizó Jacques Ferrand en su obra *De la maladie d'amour ou Mélancolie érotique*, que vio la luz en 1623. Posteriormente, el psiquiatra francés Gaëtan Gatian de Clérambault ofreció una descripción detallada en el artículo «Les délires passionnels. Érotomanie, Revendication, Jalousie (présentation de malade)», publicado en 1921 en el *Bulletin de la Société Clinique de Médecine Mentale*. Es curioso que este trastorno se estudiara por primera vez en Francia, considerada la nación del amor.

Aunque Clérambault consideraba la erotomanía una enfermedad exclusiva de las mujeres, muy pronto se identificó a hombres con los mismos síntomas. En la actualidad, las mujeres son mayoría entre quienes acuden al psiquiatra o al psicólogo para tratarse de este trastorno, mientras que los hombres lo son en las muestras de población forense, por haber cometido un delito o haberse suicidado. En las últimas clasificaciones de trastornos mentales, la erotomanía o síndrome de Clérambault se incluye en los trastornos delirantes.

La idea delirante consiste en que el paciente cree que otra persona está enamorada de él sin que sea así. La erotomanía puede ser fija, cuando la obsesión por un mismo individuo se prolonga un largo período, o recurrente, cuando la persona que es objeto del delirio cambia cada cierto tiempo.

El paciente tiene la convicción anómala de que la diana de su delirio le envía mensajes ocultos a través de determinadas claves, gestos o actos. Se ha documentado el caso psiquiátrico de una mujer que mantuvo una fijación por el mismo hombre durante 37 años, alimentada por los mensajes que ella creía que él le transmitía mediante las matrículas de los automóviles con los que se cruzaba, la presencia del color morado en ciertos objetos y otras señales ocultas. Por supuesto, nadie más veía esos mensajes.

A menudo, el paciente insiste en que fue la otra persona la que se enamoró primero y la que dio los primeros pasos en la «relación», e incluso llega a quejarse de la atención recibida. La mujer mencionada anteriormente amplió su delirio asegurando que el hombre deseado la visitaba por las noches para tener relaciones sexuales con ella, de resultas de las cuales había dado a luz muchos hijos que sus padres y el psiquiatra le arrebataban para darlos en adopción sin su consentimiento.

La diana es normalmente de mayor estatus social o económico. En uno de los casos registrados por Clérambault, una modista francesa de 53 años afirmaba que el rey Jorge V del Reino Unido estaba enamorado de ella y que muchas personas importantes estaban al corriente de su amor, como el presidente de Estados Unidos. Mientras que la persona objeto de la atracción rechaza con mayor o menor brusquedad los acercamientos del paciente, este elabora complicadas teorías para concluir que no existen evidencias de dicha repulsa, sino que, muy al contrario, el otro lo desea realmente.

El objeto del deseo puede no llegar a conocer nunca al paciente o ser víctima durante meses o incluso años de situaciones absurdas, humillantes o aterradoras. Son habituales las llamadas telefónicas y el envío de cartas y regalos, así como visitas e incluso la vigilancia y el acecho. La modista que creía ser amada por el rey Jorge V consideraba a los turistas ingleses presentes en París emisarios de su amado. Viajaba a Londres siempre que tenía ocasión, y una vez que vio moverse una cortina tras una de las ventanas del palacio de Buckingham interpretó que se trataba de una señal inequívoca de su amado dirigida a ella. Si el rechazo es brusco, el paciente puede llegar a atacar al sujeto deseado o a cualquiera que vea como una amenaza a su relación.

Entre los famosos acosados por erotómanos se cuentan Uma Thurman, Steven Spielberg, Madonna o la actriz Rebecca Schaeffer, que fue asesinada por su acosador. Park Dietz, un psiquiatra forense que ha testificado como experto en numerosos casos conocidos, estudió 214 cartas enviadas a famosos y encontró que un 16 % de sus autores mostraban delirios erotomaníacos y que un 11 % creían estar casados con el objeto de su obsesión. La mayoría de los pacientes ven disminuir su pasión al no experimentar ningún refuerzo psicológico. Los casos más peligrosos se producen cuando el amor se transforma en odio o en celos patológicos debido a lo que perciben como una traición.

Un artículo describe el caso de una mujer de 33 años que estaba obsesionada con Paul McCartney y que explicaba que lo había conocido al pedirle un autógrafo a los 18 años. En un rasgo típico del síndrome de Clérambault, pensaba que este suceso era más importante para McCartney que para ella misma. Aseguraba haber tenido una aventura amorosa con el músico, pero que a partir de entonces la pasión de McCartney se había convertido en un fastidio. Decía que sus sentimientos hacia él habían cambiado porque dominaba su vida, estaba obsesionado con su persona y no hacía más que intentar casarse con ella. Creía que la seguía a todas partes y que cuando no podía hacerlo mandaba a sus ayudantes, a sus «títeres». Afirmaba que en varias ocasiones la había secuestrado para llevarla a un hotel, donde le mostraba fotografías de ella y la forzaba a tener relaciones sexuales, tras lo cual el médico privado de McCartney le ponía una inyección para que olvidara lo ocurrido.

Uno de los casos más famosos de erotomanía de las últimas décadas es el de John Hinckley Jr., cuya obsesión por la actriz Jodie Foster lo llevó a atentar contra Ronald Reagan el 30 de marzo de 1981. Previamente había averiguado la dirección de Foster en la Universidad de Yale, le había mandado cartas y notas y la había telefoneado en numerosas ocasiones. Su justificación para atentar contra Reagan era demostrarle a la actriz de lo que era capaz por su amor. Los investigadores encontraron en la habitación del hotel de Washington en el que se había alojado una carta dirigida a la actriz, fechada el mismo día del magnicidio y escrita concretamente una hora y media antes de disparar contra el presidente. Decía así:

Querida Jodie:
Es muy posible que muera al intentar alcanzar a Reagan. Por eso precisamente te escribo ahora esta carta.
Como bien sabes, te amo muchísimo. Durante los últimos siete meses te he dirigido docenas de poemas, cartas y mensajes con la débil esperanza de que te interesaras por mí. Aunque hemos hablado por teléfono un

par de veces, nunca he tenido la valentía de acercarme a ti y presentarme. Sinceramente, aparte de mi timidez, no quería molestarte. Sé que los numerosos mensajes que he dejado delante de tu puerta y en tu buzón habrán sido un fastidio, pero sentía que era la forma menos dolorosa de expresarte mi amor.

Soy feliz porque al menos conocerás mi nombre y sabrás lo que siento por ti. Y merodeando por tu dormitorio he acabado por darme cuenta de que me nombras en más de una de tus conversaciones, por ridículo que esto sea. Sabes al menos que te querré siempre.

Jodie, abandonaría en un segundo la idea de matar a Reagan si pudiera ganar tu corazón y vivir contigo el resto de mis días, aunque fuera totalmente en la sombra, o no importa cómo.

Reconozco que la única razón por la que voy a ejecutar mi proyecto es que no puedo esperar más para causarte una gran impresión. Debo hacer algo para que comprendas claramente que todo lo hago por ti. Sacrificando mi libertad e incluso mi vida, espero hacerte cambiar de opinión sobre mí.

Escribo esta carta una hora antes de salir hacia el Hilton. Jodie, te pido por favor que examines el fondo de tu corazón y me des al menos la oportunidad de ganarme con este acto histórico tu respeto y tu amor.

Te amaré siempre,
John Hinckley

La carta habla por sí sola. Además de querer impresionar a Foster, Hinckley tenía el delirio de que tras el atentado podría reemplazar de alguna manera a Reagan y vivir en la Casa Blanca con ella. El FBI encontró una postal sin enviar en la que decía: «Querida Jodie, un día ocuparé la Casa Blanca y a los paletos se les caerá la baba de envidia». Hinckley disparó seis veces a Reagan, que resultó herido pero pudo recuperarse. Hubo otros que no corrieron tanta suerte: su secretario de prensa, James Brady, fue alcanzado en la cabeza por una bala que le produjo graves lesiones cerebrales y lo mantuvo confinado en una silla de ruedas hasta su muerte en el 2014. Hinckley, declarado no culpable por trastorno mental e ingresado en un hospital psiquiátrico de Washington, insistía en que el atentado era «la mayor ofrenda de amor de la historia del mundo». La alarma social que suscitaron estas palabras impulsó cambios legislativos para aplicar criterios más estrictos en el uso de la locura como atenuante. En 1999 Hinckley introdujo a escondidas material sobre Foster en su habitación del hospital, lo que ponía de manifiesto que casi dos décadas después del atentado seguía obsesionado con la actriz. Desgraciadamente, los tratamientos contra la erotomanía tienen escaso éxito en el caso de delirios duraderos.

TUMORES Y PEDOFILIA

El cáncer de cerebro es uno de los peores cánceres. El tejido nervioso, quizá el tejido más delicado del cuerpo, tiene una capacidad de regeneración nula y el acceso de los cirujanos al sistema nervioso central es extremadamente complejo, no solo por las distintas protecciones que deben superar (cráneo, meninges, barrera hematoencefálica, líquido cefalorraquídeo), sino sobre todo por la propia fragilidad e importancia del cerebro. Por si esto fuera poco, un tumor cerebral te puede convertir en alguien distinto, capaz de adoptar un comportamiento delictivo y aberrante, como la pederastia.

La pederastia abarca toda conducta en la que un menor es utilizado como objeto sexual por parte de otra persona con la que mantiene una relación de desigualdad, ya sea en cuanto a la edad, la madurez o el poder. La pedofilia es la atracción sexual por niños prepúberes, de hasta 12 años. Pederastia y pedofilia se usan a veces como sinónimos, pero para muchos profesionales el pederasta abusa de niños, mientras que el pedófilo podría tener fantasías sexuales con menores, pero sin consumarlas. Los pederastas se definen por sus actos; los pedófilos, por sus deseos. Algunos pedófilos son capaces de no acercarse sexualmente a ningún niño, pero se ignora qué porcentaje del total, porque en general únicamente salen a la luz aquellos casos en los que ha habido un intento de abuso.

La pedofilia es un trastorno mental que los psiquiatras agrupan junto a otras parafilias, las cuales consisten en fantasías intensas y recurrentes, ansias sexuales o comportamientos que implican sujetos no humanos, a niños o a adultos en relaciones no consentidas, o bien el sufrimiento o la humillación de uno mismo o de la pareja. Hay dudas sobre si los pedófilos se sienten atraídos también por adultos. Casi todo lo que sabemos sobre la pedofilia se basa en el comportamiento de personas acusadas de delitos sexuales contra niños, que podrían exagerar su interés sexual por adultos para parecer «normales».

Tendemos a pensar en los pedófilos como monstruos solitarios, como casos excepcionales, algo que dista de la realidad. En la Operación Rescate del 2011, policías de 30 países (entre ellos España) desarticularon una red de pornografía infantil con más de 70 000 miembros. Identificaron a 670 sospechosos, arrestaron a 184 y pusieron bajo la custodia de los servicios sociales a 230 niños. Entre los detenidos había personas de las que cabría esperar que estuvieran en primera línea en la defensa de los niños, como policías, maestros o responsables de grupos de *boy scouts*. Al cabo de un año, la Operación Sunflower permitió identificar a otros 123 niños que eran explotados sexualmente solo en Estados Unidos. La denominaron Sunflower (Girasol) porque, en un vídeo requisado por la policía danesa en el que se veía a una niña de 11 años siendo víctima de abusos sexuales, aparecía en segundo plano una peculiar señal viaria con forma de girasol. Esas imágenes permitieron identificar la localidad, un pueblo de Kansas, y encontrar a la niña y a la persona que había grabado el vídeo, lo que a su vez llevó hasta el servidor utilizado, bajo claves y nombres falsos, para el intercambio de pornografía infantil. Así fue como cayó toda la red.

Un caso clínico publicado en el 2003 por Jeffrey M. Burns y Russell H. Swerdlow en la revista *Archives of Neurology* se centra en un tipo peculiar de pederastia. Un buen día, un maestro de escuela de 40 años empezó a navegar por internet para consumir pornografía infantil y a solicitar los servicios de prostitutas en salones de masajes. Aunque en la adolescencia había mostrado interés por la pornografía, algo común entre los hombres, nunca se había sentido atraído por los niños ni había tenido problemas maritales o sociales al respecto. A lo largo del año 2000 adquirió una importante colección de revistas pornográficas y frecuentó cada vez más páginas web con contenido sexual explícito. La mayor parte de este material se centraba en niños o adolescentes. Inició entonces sutiles avances sexuales hacia su hijastra prepúber, que pudo ocultar a su esposa durante semanas. Finalmente la niña le contó a su madre lo que estaba pasando, y la mujer descubrió la obsesión de él por la pornografía infantil. Logró que el juez lo expulsara de la casa, y el hombre fue declarado culpable de acosar a niños y medicado contra la pedofilia. «Sé que mi comportamiento era inaceptable, pero el ansia de placer superaba mis frenos morales», declaró el sujeto a uno de los médicos que lo trataba.

El juez decretó que, si no quería ir a prisión, debía realizar el programa en 12 pasos de Sexólicos Anónimos para rehabilitarse. En esa asociación, grupos de personas bajo supervisión profesional intentan ayudarse mutuamente para superar sus problemas relacionados con el sexo y alcanzar la «sobriedad sexual». Sin embargo, el hombre fue expulsado tras haber propuesto relaciones sexuales a las mujeres que participaban en el programa, tanto a trabajadoras como a pacientes. La expulsión implicaba su ingreso inmediato en prisión, así que el caso volvió al juzgado para fijar la duración de la condena.

La víspera de que se le comunicara la sentencia fue trasladado a urgencias. Tenía fuertes dolores de cabeza y pensamientos suicidas, y decía que temía violar a su casera. En la consulta del psiquiatra, donde fue diagnosticado de pedofilia, mostró dificultades para mantener el equilibrio. La historia clínica recogía un traumatismo craneal sufrido 16 años atrás, asociado a una pérdida de consciencia durante dos minutos sin secuelas neurológicas aparentes, además de dos años de migrañas e hipertensión. En el transcurso del análisis neurológico pidió favores sexuales a mujeres del equipo médico y no fue consciente de que se había orinado encima. Se detectaron respuestas neurológicas anómalas, problemas al escribir y al caminar (daba pasos cada vez más cortos y titubeantes). Pruebas de memoria, estado mental, sensibilidad olfativa y habla, entre otras, arrojaron resultados normales.

Le practicaron una resonancia magnética, que reveló la presencia de un tumor cerebral: un hemangiopericitoma del tamaño de un huevo en la corteza orbitofrontal derecha, la zona situada en la región más anterior e inferior del hemisferio cerebral derecho, por detrás de la cuenca del ojo derecho. En esta zona cortical puede producirse un gran daño sin que el paciente apenas lo note. Como hemos visto, se trata de una región cerebral relacionada con el juicio crítico, el control de los impulsos, la toma de decisiones y el comportamiento social. La corteza orbitofrontal se encarga de inhibir las acciones inapropiadas, vetando el impulso emocional inmediato de obtener placer y sustituyéndolo por una respuesta acorde a nuestra educación y a las convenciones sociales, a lo que consideramos moralmente admisible y nos permite ser un miembro aceptado en la sociedad.

Las personas que en la infancia sufren una lesión en la corteza orbitofrontal tienen problemas para adquirir principios morales y sociales, y suelen mostrar una escasa capacidad de juicio y de control de sus impulsos. Esta sociopatía normalmente se refleja en una tendencia a adoptar comportamientos violentos, con ausencia de remordimientos o culpa; a menospreciar las leyes, las normas sociales y los derechos de los demás, y a tener dificultades para conservar un empleo. Son individuos que a menudo viven en los márgenes de la sociedad y que, si llegan a cometer un crimen, lo hacen espontáneamente. Por el contrario, cuando la lesión ocurre en la vida adulta, el afectado también sufre sociopatía, pero conserva el desarrollo moral establecido previamente.

Podemos pensar que el protagonista del caso clínico descrito era un mentiroso, que fingía para escapar a la justicia. Por otro lado, sería preocupante que todos los pedófilos solicitaran someterse a un escáner para probar que no son ellos los responsables de sus actos sino un cáncer en el cerebro. El dato clave en este caso concreto es que el paciente tenía un historial normal y no había mostrado ningún comportamiento anómalo previo, mientras que la mayoría de los pedófilos arrastran problemas de comportamiento y una sexualidad aberrante desde la adolescencia.

Al hombre se le extirpó el tumor y, tras completar con éxito el programa de rehabilitación de Sexólicos Anónimos, pudo regresar a su hogar. Sin embargo, en octubre del 2001 volvió a quejarse de dolores en la cabeza y de nuevo comenzó a recopilar pornografía a escondidas. Un nuevo escáner reveló que el tumor había reaparecido. Tras una segunda extirpación quirúrgica, el comportamiento ilegal e inmoral desapareció otra vez, demostrando la relación causa-efecto entre el tumor y la pederastia.

Desconocemos por qué el tumor causaba esa alteración en el comportamiento. ¿Afectaba a los circuitos neuronales? ¿Inducía una producción anómala de neurotransmisores excitatorios o inhibitorios que modificaban la química de la corteza orbitofrontal? ¿Provocaba cambios hormonales? Lo que está claro es que nuestro cerebro determina quiénes somos.

DEMASIADO AMOR

¿Es una enfermedad amar a todo el mundo? Parece que sí. Los niños con síndrome de Williams, un raro trastorno genético, se lanzan en brazos de cualquiera, pues no tienen miedo de los desconocidos, sino que aman a todo el mundo por igual. Tratan de la misma manera a alguien que acaban de conocer que a un allegado. Sobrellevar este trastorno no es fácil para ellos ni para sus padres; de hecho, para nadie. Semejante confianza puede ser peligrosa, los hace vulnerables y extraños para otros niños. Los afectados por el síndrome de Williams, en torno a una de cada 10 000-20 000 personas, producen un exceso de oxitocina y sufren grandes fluctuaciones de esta hormona. Se cree que esta es la causa de su ansia exagerada de amar, de su inaudita confianza en el prójimo. Desgraciadamente, no encajan en nuestro mundo.

El trastorno lo identificó en la década de 1960, en Nueva Zelanda, el cardiólogo John Williams, después de observar que sus pacientes aquejados de estenosis supravalvular aórtica, una rara afección del corazón, tenían una personalidad muy abierta y unos rasgos físicos peculiares, que los asemejaban a un duende o a un elfo —de ahí que en un principio este trastorno se conociera como «síndrome de la facies élfica»—: baja estatura, frente amplia, mentón estrecho, orejas prominentes, pómulos muy marcados, dientes separados, puente nasal plano y nariz respingona. Por otro lado, tenían dificultades para realizar algunas tareas, como dibujar, mientras que su capacidad verbal era normal.

Lo más llamativo de quienes padecen el síndrome de Williams es su hipersociabilidad: el 100 % son bondadosos; el 90 % buscan la compañía de otros; el 87 % son empáticos; el 84 %, cariñosos; el 83 %, desinteresados y proclives a perdonar a quien les ha hecho daño; el 75 % no pasan desapercibidos, y el 75 % son felices cuando a los demás les va bien. De bebés establecen contacto visual de manera normal y frecuente, y en la infancia a menudo se acercan a extraños y los abrazan. De adultos suelen tener una gran empatía y rara vez muestran un comportamiento agresivo. Gozan de la capacidad de leer los ojos para medir las intenciones, las emociones y los estados mentales de los demás. Sin embargo, su nivel de amabilidad suele ser inapropiado para el entorno social, por lo que los adolescentes y adultos con síndrome de Williams experimentan aislamiento social, frustración y soledad a pesar de su claro deseo de conectar con otras personas. Son rechazados por ser demasiado abiertos.

De niños son felices debido a su naturaleza sociable, pero frecuentemente sufren dificultades por su forma de actuar. Entre el 76 y el 86 % declara que tiene pocos amigos o problemas con sus amigos. Aunque son muy sociables y les encanta conocer gente, les cuesta interactuar a un nivel más profundo. Entre el 73 y el 93 % no tiene prevenciones con los extraños, el 67 % es muy sensible al rechazo y el 65 % es objeto de burlas (su trastorno los predispone a ser víctimas de acoso y abuso).

Las personas con este trastorno son muy confiadas y quieren hacer amigos a toda costa, lo que los lleva a someterse a peticiones que una persona común rechazaría. También sufren otros problemas: entre el 91 y el 96 %, falta de atención; el 75 %, impulsividad; entre el 59 y el 71 %, hiperactividad; entre el 46 y el 74 %, episodios de ira; entre el 32 y el 60 %, desobediencia, y entre el 25 y el 37 %, tendencia a pelearse y a mostrarse agresivo.

El síndrome de Williams está causado por una deleción genética, es decir, por la pérdida de un pequeño trozo de ADN. En el brazo largo de su cromosoma 7 faltan de 26 a 28 genes. Además de los defectos en el corazón, otras consecuencias comunes son la discapacidad intelectual y alteraciones gastrointestinales y en el tono muscular. Su nivel de desarrollo es similar al de un individuo con síndrome de Down, y su cociente de inteligencia medio se sitúa en torno a 50 (por debajo de 70 se sufre discapacidad intelectual).

Como el trastorno del espectro del autismo, afecta a la capacidad de leer el lenguaje no verbal; por ejemplo, impide darse cuenta de que el otro quiere marcharse. Los aquejados del síndrome de Williams tienen dificultades para entablar una verdadera conversación. Se limitan a echar mano de una serie de preguntas que lanzan a todas aquellas personas con las que interactúan. También como los autistas, suelen centrar su atención en un solo tema y les fascinan los mecanismos que giran, como los ventiladores o las ruedas de los cochecitos.

Para los padres es muy duro, porque ven que su hijo los ama intensa e incondicionalmente, pero que parece sentir lo mismo por el frutero o el conductor del autobús. De niños son muy impulsivos, y aunque se les haya explicado que no deben ir por ahí abrazando a la gente, no pueden evitarlo. Son menos conscientes de su propio cuerpo y andar desnudos les da menos vergüenza que al resto de las personas de su edad.

Hay quien sostiene que el síndrome de Williams podría explicar el comportamiento de algunos personajes de nuestro folclore, como por ejemplo los bufones de la corte, esos seres cariñosos y sociables que se dedicaban a contar historias, a hacer juegos de palabras y a tocar música para divertir a los demás. A propósito, según Oliver Sacks, quienes padecen este trastorno son una especie hipermusical. No se ha demostrado que tengan un don para la música, pero sí parece claro que pueden reaccionar a una canción triste de manera visceral e incluso llegar a las lágrimas, mientras que una canción alegre hace que se arranquen a bailar. A menudo, cuando no hablan es porque están cantando, tarareando o haciendo algo rítmico con las manos. En cualquier caso, es bonito pensar que, en lo más profundo de nuestro cerebro, la música está unida a la sociabilidad y a la felicidad.

El síndrome de Williams se manifiesta de forma similar en personas de diferentes países y culturas. Sin embargo, la respuesta de la sociedad no siempre es la misma. Carol Zitzer-Comfort ha investigado la situación de este trastorno en Estados Unidos y en Japón. En Estados Unidos es menos discapacitante porque allí se valora la extraversión, la calidez personal y el afecto físico. En Japón, por el contrario, que un extraño invada el espacio personal de otro e intente abrazarlo resulta profundamente incómodo. Por tanto, la opinión de los padres sobre la situación de su hijo es más negativa en Japón que en Estados Unidos, de ahí que los jóvenes nipones con este trastorno tengan una mayor probabilidad de acabar internados en una institución psiquiátrica.

El síndrome de Williams no se criba en los estudios prenatales. Como es una enfermedad rara, sería demasiado caro. Sin embargo, la tecnología de secuenciación genética avanza a tal velocidad que los costes se están abaratando mucho, por lo que tal vez dentro de unos pocos años sea factible su detección precoz. Esto plantea la pregunta de si se debe permitir tener hijos a las personas con síndrome de Williams. La probabilidad de que una pareja normal tenga un hijo con este trastorno es de uno entre 10 000. Sin embargo, la probabilidad es del 50 % si uno de los dos progenitores lo sufre.

Las personas diferentes pueden contribuir valiosamente a la sociedad. En el caso concreto de los individuos con síndrome de Williams, carecen de prejuicios raciales, por lo que nos enseñan a ser más abiertos. En cualquier otro grupo, a la edad de tres años ya se muestran preferencias por el grupo étnico propio. Se supone que constituye un legado evolutivo para sentirnos protegidos dentro de la tribu, entre aquellos que se nos asemejan, frente al otro, al diferente. Las personas con síndrome de Williams tratan a todo el mundo con una confianza innata. La mayoría de nosotros somos más precavidos, pero en el 99 % de los casos respondemos positivamente a quien se nos acerca con una sonrisa. Tenemos mucho que aprender de ellos.

ESO DE LA MODERNIDAD

> Muchas cosas renacerán, que ya cayeron en desuso.
>
> HORACIO, *Arte poética*

EL AMOR ONLINE

Buscar pareja en la red es cada vez más frecuente. Un número significativo de personas la utiliza para seleccionar con rapidez posibles citas en un entorno más fácil, seguro y cómodo que un bar o una discoteca. La evidencia demuestra que las parejas de casados que se conocieron en internet están más satisfechas con su matrimonio y se divorcian menos que aquellas que empezaron su relación a la antigua usanza. Ligar en la red es la tercera manera de conocer a una pareja, después de las presentaciones por mediación de amigos y los encuentros en bares y otros locales de ocio.

El cortejo y el amor implican experiencias profundamente físicas —sudoración de las manos, rubor, balbuceo—, mientras que las relaciones en la red son incorpóreas y, en buena medida, invisibles. Para algunos, es una ventaja. Según Eva Illouz, escritora y profesora de Sociología y Antropología en la Universidad Hebrea de Jerusalén, en ausencia de esas experiencias físicas se produce una reorganización de la relación entre el cuerpo y las emociones. Se supone que estas fluyen libremente y que cada miembro de la pareja presenta aspectos más auténticos e íntimos de sí mismo. De hecho, en muchos casos se alcanza un conocimiento profundo de la otra persona antes de que exista una atracción y ambos se desvirtualicen encontrándose en el mundo real.

En Estados Unidos, el 11 % de los adultos y el 38 % de los que buscan pareja son usuarios de aplicaciones para ligar o de portales de citas. Nunca había sido tan alto el número de personas que buscan amor o sexo, o que simplemente quieren quedar con alguien para charlar, pero eso tiene también sus inconvenientes: elegir a la persona adecuada puede llevar cientos de horas repasando perfiles, y sin la seguridad de que la búsqueda vaya a resultar exitosa. Con todo, la experiencia sobre el uso de herramientas informáticas para encontrar el amor varía enormemente de una persona a otra, por lo que es muy difícil generalizar.

Elizabeth Bruch y Mark Newman, de la Universidad de Michigan, estudiaron los mensajes cruzados entre 94 478 hombres y 92 457 mujeres en una página web de citas gratuita. Los usuarios residían en Nueva York, Boston, Chicago o Seattle y buscaban relaciones heterosexuales. Bruch y Newman observaron que las mujeres recibían más mensajes que los hombres, y que la mayoría se dirigían a una pequeña fracción de usuarios. La persona más popular era una mujer de 30 años que vivía en Nueva York: recibió 1504 mensajes, unos cincuenta al día, en el transcurso del estudio, que duró un mes. Se estableció una jerarquía de deseabilidad de cada usuario en función del número de mensajes iniciales recibidos, mediante la misma matemática que ordena las páginas web en una búsqueda de Google, es decir, sin atender a la calidad de la información, sino tan solo a la popularidad.

La mayoría de las personas que se citan o que terminan casándose se parecen muchísimo en la edad, el nivel educativo, el atractivo físico y la actitud ante la vida, entre muchas otras características. Lo saben bien las agencias matrimoniales. A pesar del dicho de que los polos opuestos se atraen, lo normal a la hora de buscar pareja es valorar la afinidad y la similitud de intereses. Por otro lado, las personas con un alto nivel de deseabilidad tienden a emparejarse entre sí. Es como si dijéramos que en el mundo offline las personas muy guapas buscan pareja entre gente muy guapa o las muy ricas entre gente muy rica.

Resulta entre curioso y tragicómico que, según el estudio, la deseabilidad de los hombres alcance su máximo a los 50 años, pero la de las mujeres a los 18, para ir disminuyendo gradualmente con la edad. Los hombres más deseables eran los de mayor nivel educativo, mientras que en el caso de las mujeres eran las que tenían estudios secundarios. Como hombre, estos resultados me causan cierta vergüenza.

Los investigadores señalaron que los usuarios de ambos sexos tenían una valoración en general adecuada y que contactaban habitualmente con personas de un nivel similar, pero que de vez en cuando la mayoría, tanto hombres como mujeres, mandaban mensajes a personas que estaban por encima de su nivel. De media, estos intentos de «aspirar alto» iban dirigidos a individuos con un atractivo un 25 % superior. Cuando pretendían establecer contacto con personas más atractivas, los hombres tenían más éxito cuanto más breves y menos entusiastas eran sus mensajes. Bruch no esperaba que esa estrategia funcionara, pero así era.

No está claro si los usuarios conocen cuál es su lugar en esa clasificación de deseabilidad e intentan alcanzar algo mejor de lo que en teoría les corresponde, o bien consideran que están por encima de la media sin ajustarse a la realidad, un poco como sucede cuando conducimos un automóvil. Por último, hay que tener presente que estos estudios trabajan con medias, mientras que en las relaciones humanas alguien puede tener un valor de deseabilidad muy alejado al nuestro y aun así resultar nuestra pareja ideal.

Sameer Chaudhry, internista de la Universidad del Norte de Texas, y su amigo Khalid Khan, profesor de Epidemiología Clínica en la Escuela de Medicina y Odontología de Londres, analizaron qué determina el éxito al ligar por internet. Repasaron los estudios publicados en las principales revistas científicas sobre atracción y persuasión en las relaciones de pareja mediadas por aplicaciones y herramientas informáticas, y seleccionaron 86 artículos que se centraban en aquellos factores que permiten pasar de una interacción virtual a una cita en el mundo real.

La primera conclusión es que el éxito empieza a la hora de elegir un nombre de usuario. Parece que los hombres prefieren términos asociados a características físicas (por ejemplo, «Rubio»), mientras que las mujeres optan por aquellos que indican inteligencia o cultura («Atenea»). Ambos sexos responden a nombres juguetones («Divertido») y se alejan de los que tienen connotaciones negativas («Bicho»). Funcionan mejor los que empiezan con letras de la primera mitad del alfabeto. Al parecer, los seres humanos tendemos a dar más valor a las cosas que están en la parte alta de cualquier lista, incluido el alfabeto (afortunados aquellos que se llamen Aarón o Ana). El contenido de los perfiles más populares se divide en un 70 % de información personal y un 30 % de descripción de la pareja ideal. Triunfan los honestos, amigables, escuetos y con buen humor, particularmente aquellos que no presumen ni usan un lenguaje retórico y barroco. Curiosamente son más efectivos los mensajes fríos que los demasiado entusiastas.

Con respecto a las fotografías, las que muestran al usuario sonriendo, en el centro de la imagen y rodeado por otras personas son las que funcionan mejor. Las personas atractivas son valoradas como más sociables, cálidas y sensibles, y con éxito en la vida. Las descripciones positivas que acompañan a una fotografía hacen que el usuario resulte más atractivo que si solo se ve la imagen. La belleza física es el predictor más potente de la deseabilidad de un perfil online, por encima de la descripción personal.

¿Nos vemos igual de atractivos en el mundo online que en la vida real? Un factor decisivo es que en el ciberespacio tenemos mayor control sobre la imagen que proyectamos. Podemos presentar la mejor versión de nosotros mismos, seleccionando las fotografías en las que salimos más guapos o acentuando los aspectos más positivos de nuestra personalidad. Otra ventaja del ligue online es que la comunicación asincrónica nos permite editar y reeditar nuestro perfil hasta acercarnos a aquello que queremos mostrar de nosotros mismos. Por el contrario, el ligue tradicional, al ser sincrónico, ofrece menos posibilidades de corregir un error.

Existe la idea de que las personas que buscan citas online generan imágenes idealizadas de sí mismos con la esperanza de parecer más atractivos que en la vida real. Sin embargo, cuando hay posibilidades de tener un encuentro, están menos dispuestas a engañar. Podemos ofrecer nuestra mejor imagen, pero si esta se aleja de la realidad, se percibirá el engaño y las posibilidades de éxito desaparecerán. Mejor no colgar en nuestro perfil una fotografía de Brad Pitt.

Para algunos, la vida no es más que un escenario en el que todos nos movemos detrás de una máscara. Las personas que ligan por internet aspiran a mostrar su mejor imagen pero sin alejarse de la realidad. Al fin y al cabo, el objetivo es citarse con una persona en el mundo real (aunque en cierto modo el mundo online no deje de ser real). Las motivaciones son necesidades humanas como la pertenencia social y la conexión romántica con otra persona. Por otro lado, internet tiene sus propias normas, que limitan y moldean el modo en que uno se presenta a los demás. Se trata de un protocolo casi tan estricto como el del Parlamento Europeo.

La autoestima es la evaluación general del propio valor personal. Los individuos con mayor autoestima suelen ser más proactivos, persiguen con ahínco sus metas y asumen mayores riesgos. Los que tienen menos autoestima son menos proclives a usar servicios de citas online porque les resulta incómodo promocionarse ante muchas personas simultáneamente. En este sentido, recurrir a una estrategia de evitación parece una manera de autoprotegerse.

La autoestima influye en cómo esperamos que los demás nos van a juzgar en una cita. Las personas con la autoestima baja suelen creer que sus posibilidades son mayores en el mundo online que en el offline, porque en la red no hay muchas pistas sociales y se tiene la opción de editar y mejorar la imagen. Se ha sugerido que las personas que buscan citas online pueden ser percibidas como solitarias o desesperadas, pero esta apreciación choca con la popularidad cada vez mayor de las aplicaciones de citas.

Como ocurre con otras actividades, la opinión que merecen los sistemas online para encontrar pareja dependen de las expectativas y de la experiencia de cada uno. Lo que parece claro es que cada vez distinguimos menos el mundo real del virtual. Más que en nativos digitales, nos hemos convertido en ciudadanos de dos mundos interconectados.

¿Amas a tu teléfono móvil?

Hay una sola palabra que describe nuestras relaciones más preciadas: amor. El estudio del cerebro con técnicas de neuroimagen ha revelado que la imagen del enamoramiento se parece mucho a la que se produce cuando conseguimos un objeto que queremos a toda costa, como por ejemplo un teléfono móvil de última generación.

Algunas marcas comerciales van más allá del producto concreto y logran que sus clientes las vean como una forma de vida, un símbolo de alto estatus o una declaración de principios. Expertos en la materia analizaron las similitudes entre las marcas más potentes, como Apple o Harley-Davidson, y las religiones universales. Usando técnicas de neuroimagen, vieron que las marcas más famosas suscitaban la misma actividad cerebral que las de índole religiosa, como una fotografía del papa. Después reunieron a un grupo de niños de entre 14 y 20 meses y les dieron a cada uno una BlackBerry. En cuanto agarraban estos teléfonos inteligentes, deslizaban sus pequeños dedos por la pantalla como si se tratara de un iPhone, aparentemente a la espera de que se pusieran en marcha. Parece que toda una generación de seres humanos es usuaria de *smartphones*, en particular de aquellos que responden al diseño de Apple, casi desde la cuna.

Algunas personas que se olvidan el iPhone en el trabajo o en casa se sienten estresadas, incompletas o «mancas». Para algunos psicólogos, esta reacción se ajusta a la ansiedad por separación que sienten las crías de los mamíferos cuando pierden de vista a su madre. También se ha definido lo que se conoce como el «síndrome de la vibración fantasma»: esa sensación de llevarnos la mano al bolsillo en la creencia de que nuestro teléfono está vibrando, para darnos cuenta inmediatamente de que no es así. Al igual que el ansia hace que pulsemos repetidas veces el botón del ascensor o que aporreemos las teclas del ordenador, miramos nuestros teléfonos cada dos por tres para comprobar si nos ha llegado algún correo o WhatsApp, como si creyéramos que así nos van a escribir más, a llamarnos más; en definitiva, a querernos más.

¿Son nuestros teléfonos realmente adictivos? Un grupo de investigación encabezado por Martin Lindstrom, uno de los mayores expertos en mercadotecnia, estudió el cerebro para ver si se activaban los mismos circuitos neuronales que con algunos comportamientos compulsivos como el juego y las apuestas. Como ocurre con la adicción a las drogas o al tabaco, el mensajero químico implicado en este proceso es la dopamina. Los investigadores reclutaron a ocho hombres y a ocho mujeres, con edades comprendidas entre los 18 y los 25 años. Todos los voluntarios fueron expuestos a la imagen de un iPhone vibrando y a su sonido por separado. Lo primero que se observó en los estudios de neuroimagen es que en ambos casos se activaban tanto la corteza visual como la auditiva. En otras palabras, cuando veían el iPhone vibrando, también lo «oían» aunque las imágenes no tuvieran sonido; y, al contrario, cuando solo se les ponía el sonido, su corteza visual hacía que también lo «vieran». Este fenómeno, en el que un estímulo de una modalidad sensorial determinada se refleja en otras sensaciones (hay personas que cuando oyen un número lo ven de un color determinado), se denomina sinestesia.

Para Lindstrom, lo más llamativo era la activación de la ínsula del cerebro, la región asociada al amor y a la compasión. El cerebro de los participantes respondía al sonido de sus teléfonos inteligentes igual que a la cercanía de su pareja o de un familiar. Sin embargo, hay que decir que la ínsula se activa en un tercio de los estudios de resonancia magnética y que se asocia asimismo a algunas emociones muy diferentes, como el asco. En cualquier caso, los sujetos no mostraban las respuestas cerebrales típicas de la adicción. A juicio de Lindstrom, lo que las técnicas de neuroimagen revelaban era el amor que los seres humanos profesan por sus iPhones.

Según otros autores como Matthew Herper, el problema del estudio de Lindstrom es que incurre en un error frecuente en la ciencia: extraer verdades de experimentos aislados. La mayoría de las ideas científicas son tan solo propuestas sobre cómo funciona el mundo; un experimento exitoso simplemente apuesta por una explicación y resta fuerza a las demás. El cerebro es una estructura muy compleja. Una resonancia magnética es como una fotografía de la boca de un personaje en una película: aunque sonría, esta información no basta para afirmar que la película es una comedia. El periodista estadounidense H. L. Mencken, conocido como el Sabio de Baltimore, decía que todos los problemas tienen una solución simple y errónea.

Las nuevas tecnologías son seductoras porque nos ofrecen recompensas rápidas, pero entrañan el peligro de alejarnos de la interacción humana. Para muchos, su teléfono se ha convertido en su compañero, en su salvavidas, incluso en su amor. Quizá te gustaría conocer a esa persona que se está tomando un café a solas, pero es posible que tengas un rival muy cerca, en su bolsillo o en su cartera. Cuando le pidieron a Lindstrom que nos diera un consejo, respondió: «Apaga tu iPhone, encarga un buen champán y encuentra amor y compañía a la vieja usanza».

LA AGONÍA DE LA PAREJA

Japón es un país especial, mezcla de la máxima tradición y la máxima modernidad. En la sociedad nipona actual, el número de muertes supera el de nacimientos, y el índice de matrimonios se desploma. Mucha gente joven no tiene pareja ni intención de buscarla. Los medios lo llaman *sekkusu shinai shokogun*, «síndrome del celibato». Ha causado tanta preocupación que el Gobierno japonés ha inyectado fondos en páginas web para encontrar pareja por miedo a que el colapso demográfico hunda el país. Según datos del Instituto Nacional de Investigación sobre la Población y la Seguridad Social, más del 40 % de los jóvenes japoneses entre 18 y 34 años nunca ha tenido relaciones sexuales. Si la tendencia actual de caída de nacimientos se mantiene, hacia el año 2060 la población del país habrá disminuido un 30 %, lo que significaría una catástrofe social y económica.

En Japón hay unos 30 000 «hoteles del amor», algunas de cuyas habitaciones por horas disponen de aparatos para prácticas sadomasoquistas, techos con espejos, camas vibratorias, tabiques en medio de la estancia para observar a tu pareja a través de un agujero, disfraces de personajes de Disney o máquinas expendedoras de preservativos. Estos establecimientos apuestan por la discreción para garantizar el anonimato de los clientes: puertas secretas, entrada por el garaje, funda para tapar la matrícula, pago en efectivo y sistemas automatizados de reserva, y ausencia de contacto directo con el personal. Evidentemente muchos recurren a estos hoteles para tener encuentros clandestinos, pero en los últimos años ha crecido otro tipo de clientes hasta convertirse en la mayoría: parejas casadas normales y corrientes.

Los japoneses contraen matrimonio cada vez más tarde. La densidad de población en las ciudades es muy alta y el precio de una vivienda puede llegar a ser prohibitivo, por lo que a menudo la comparten varias generaciones. En esta situación, los matrimonios que deben convivir con sus padres ancianos y sus hijos en pisos diminutos ansían algo imprescindible en el amor: intimidad.

Y eso en el caso cada vez más raro de tener una pareja estable. La economía japonesa lleva años estancada, por lo que mantenerse soltero es una solución práctica y atractiva. El aumento del coste de la vida y la baja calidad del empleo han hecho que muchos jóvenes, llamados «solteros parásitos», regresen a la casa de sus padres. Este fenómeno, cada vez más común en los países desarrollados, provoca una nueva mirada sobre las relaciones interpersonales. En cierta manera, denota un mundo con poco amor.

Al mismo tiempo, no para de crecer el número de japonesas que gozan de independencia económica y deciden vivir solas. Hasta no hace mucho, en Japón el éxito de una mujer dependía de si estaba casada y del estatus de su marido. Pero ahora, como ocurre en el resto de los países desarrollados, quieren ser independientes y organizar su vida según sus preferencias, de ahí que muchas decidan no tener pareja. Casarse ya no es un signo de éxito y vivir sola ha dejado de ser una situación embarazosa.

La aversión a los vínculos emocionales hace que algunas personas rehúyan cualquier tipo de relación íntima.

Para describir esta ola de apatía amorosa, la periodista Maki Fukasawa acuñó en el 2006 el término «hombres herbívoros», en referencia a los varones japoneses que no están interesados en la «carne».

Otra hipótesis es que la caída del número de relaciones personales, lejos de responder a una moda, sea un indicador de que la tecnología nos aísla en vez de conectarnos, lo que deriva en una crisis existencial. Craig Malkin, psicólogo y profesor de Harvard, describe los peligros de lo que él llama el «cibercelibato»:

> Aunque el juego y la pornografía no pueden curar nuestra soledad, con el tiempo se convierten en un bálsamo increíblemente adictivo, y eso hace que sea cada vez más fácil alejarse de la gente y retornar al ciberespacio. [...] Para la gente que ya desconfía de la intimidad, la oportunidad de perderse en un mundo excitante del que se puede entrar y salir a voluntad puede convertirse fácilmente en una forma de vida.

Al final hay un reemplazo de las interacciones físicas y emocionales entre dos personas, arriesgadas e impredecibles, a menudo fallidas, por una realidad que proporciona una oferta infinita, el anonimato, un mayor control de la situación y ausencia de compromiso. Nuestra vida personal y social se está redefiniendo: nunca habíamos vivido en ciudades tan pobladas y sintiéndonos tan solos.

En todos los países desarrollados, el número de relaciones no ha parado de disminuir desde finales de los ochenta. Se dice que los *millennials*, los nacidos entre 1980 y 1995, y la llamada generación Z, los nacidos entre 1995 y 2005, que crecieron inmersos en las tecnologías digitales, tienen muchas menos relaciones amorosas que cualquier generación anterior. Algunas de las causas son la gran oferta de ocio, como las plataformas de contenidos audiovisuales, o la facilidad para consumir pornografía. A ello hay que añadir los problemas de depresión, ansiedad y frustración asociados a las crisis económicas, así como la cantidad de gente que toma fármacos que afectan negativamente a la libido. Tampoco hay que olvidar las dificultades para conseguir una vivienda digna y un empleo de calidad. No corren buenos tiempos para el amor, pero no parece que la culpa sea del amor.

LA MEDICALIZACIÓN DEL AMOR

Prozac, el famoso medicamento contra la depresión, es el producto farmacéutico más vendido de la historia. Forma parte de los inhibidores selectivos de la recaptación de serotonina, que elevan los niveles de este transmisor y modifican la actividad mental. ¿Y si para algunas personas el amor significara un trastorno, una fuente de problemas y dificultades, un estado mental alterado? ¿Podríamos tratarlas con Prozac?

Ya hemos visto que el amor es fundamentalmente un proceso químico: una compleja sopa de neurotransmisores, hormonas y receptores cuyas interacciones hacen que sus niveles suban o bajen a lo largo de la relación amorosa. Cuando tras una cita alguien no tiene interés en seguir adelante, suele excusarse con la frase: «No ha habido química». No sabe cuánta razón tiene.

Si el amor es química cerebral, si cada vez tenemos a nuestro alcance más fármacos neuroactivos, capaces de actuar sobre neurotransmisores y receptores y modificar la actividad de las neuronas, ¿podríamos mejorar el amor a través de medicamentos? El amor se considera saludable, natural, pero ¿acaso no sería beneficioso contar con tratamientos farmacológicos para el mal de amores, la infidelidad o el amor no correspondido, igual que existen para la hiperactividad, el insomnio o la ansiedad? Más aún, ¿y si pudiéramos potenciar químicamente el amor, hacerlo más intenso, más sólido, más perdurable, igual que mejoramos el sistema de reservas de los hoteles o actualizamos el *software* de nuestro ordenador?

Brian Earp y Julian Savulescu, de la Universidad de Oxford, consideran que en un futuro próximo dispondremos de fármacos «proamor» y «antiamor». Serán medicamentos capaces de aumentar o disminuir el vínculo romántico entre dos personas. En algunos casos enfriarán la relación volviendo a poner en marcha el sistema racional, potenciando un mayor control de los impulsos; en consecuencia, veremos a nuestra pareja con una mirada más realista, más juiciosa. En otros, reforzarán el vínculo monógamo incrementando el deseo y el placer, lo que evitará las infidelidades. Evidentemente, estas propuestas entrañan problemas éticos, legales y sociales. Para algunos, Earp y Savulescu, al tratar el amor como un asunto médico, han cometido el error de reducirlo a un mero instrumento para alcanzar determinados fines, como una buena salud o un sentimiento de bienestar, cuando el amor es un bien en sí mismo. La experiencia amorosa debería ser libre, imprevisible y arriesgada.

Para otros autores en la línea de Earp y Savulescu, por el contrario, es tiempo de cambiar nuestra actitud en relación con el amor y despojarlo de su carácter sagrado, de su misticismo, pues en resumidas cuentas es un estado cargado de emociones que nos puede llevar a cometer errores e incluso a infligir grandes daños. Sostienen que debemos aprovechar los avances en neurociencia para ajustar la neuroquímica que subyace a la fijación amorosa. Las tecnologías cerebrales están a punto de traspasar esta frontera. Por medio de fármacos o estimulaciones eléctricas o magnéticas, cada vez será más fácil activar o desactivar poblaciones neuronales para alterar los comportamientos derivados.

Algunos de estos fármacos ya se han probado, otros son prometedores, pero es necesario investigar más a fondo para cerciorarnos de su seguridad y eficacia. El problema es que algunos están incluidos en las listas de las agencias antidrogas, como por ejemplo la psilocibina, el compuesto activo de los hongos mágicos, y la metilendioximetanfetamina (MDMA), más conocida como éxtasis, que refuerzan la sensación del amor.

Según ciertos estudios clínicos, el MDMA mejora el estado de los soldados con trastorno de estrés postraumático. De ahí las especulaciones sobre la posibilidad de arreglar aquellos matrimonios que atraviesan una época difícil. Reforzó esta hipótesis un pequeño estudio según el cual la situación conyugal mejoraba en aquellos casos en los que un miembro de la pareja se estaba tratando de estrés postraumático con MDMA. Muchos investigadores consideran que el concepto de trauma es muy amplio y que a menudo las parejas se rompen por sucesos traumáticos o microtraumáticos. La gente se cierra en sí misma y deja de compartir sus pensamientos, alegrías y preocupaciones con su pareja. Como hemos visto, el amor precisa de amabilidad, generosidad e intimidad. Los fármacos proamor, como el MDMA, actúan desactivando los mecanismos de autodefensa, lo que hace que el individuo se abra al otro y aumente así la conexión y la confianza dentro de la pareja.

Los fármacos y las drogas pueden cambiar sensiblemente nuestra percepción de la realidad. El escritor Timothy Leary, gran defensor del consumo de drogas psicodélicas, acuñó el término «síndrome del matrimonio instantáneo» en referencia a aquellas personas que, bajo los efectos de esas sustancias, se encontraban a alguien en mitad de una fiesta y súbitamente pensaban: «¡Oh, encontré al amor de mi vida!», e incluso llegaban a casarse con esa persona en un lapso brevísimo de tiempo. Sin embargo, cuando el efecto se les pasaba y se conocían mejor, se daban cuenta de que no eran compatibles.

Las posibilidades del MDMA se sondearon en un experimento público, aunque sin los controles propios de un proyecto científico. En 1988 se produjo en Inglaterra lo que se llamó el «segundo verano del amor». Una generación de jóvenes se entregó a la música *acid house* en *raves* y clubs bajo los efectos de un facilitador químico: el MDMA. «En el momento en que pisabas la pista de baile, todo el mundo te amaba y solo paraba de sonreír para echar tragos de los botellines de agua de los demás», contó uno de los jóvenes. Pronto fueron evidentes los riesgos asociados al consumo de esta droga, que terminó prohibiéndose. Pese a reconocer sus peligros potenciales, hay científicos que están a favor de su legalización, aunque únicamente bajo control médico, como parte de una terapia.

Hasta su prohibición, el MDMA fue prescrito por muchos consejeros matrimoniales en Estados Unidos. Los psiquiatras George Greer y Requa Tolbert relataron en el *Journal of Psychoactive Drugs* su experiencia con más de 80 pacientes en la primera mitad de la década de 1980. Se reunían con ellos en sus viviendas y les administraban entre 77 y 150 mg de MDMA puro, con un refuerzo posterior de 50 mg si era necesario. Se cree que la dosis que se vende en la calle es superior, de entre 150 y 300 mg. Según Greer y Tolbert, la psicoterapia asistida con MDMA era beneficiosa para el 90 % de los pacientes, que en algunos casos «señalaban que amaban más a sus parejas y se sentían más capaces de superar dolores del pasado y resentimientos sin sentido».

Cabe preguntarse qué queda del amor después de todo esto. Pero ¿no hacemos uso de los avances científicos para solucionar otra clase de problemas sin tantos miramientos? Hay quien piensa que convendría separar aquellas relaciones que merecen ser salvadas o mejoradas de aquellas otras que básicamente son disfuncionales y que entrañan un peligro. Sin embargo, ¿quién está capacitado para distinguirlas?

Otra duda es si debemos aceptar un solo modelo de amor. Consideremos la infidelidad. ¿Permitiríamos la administración de un fármaco que reforzase la monogamia y el compromiso? Algunos investigadores denuncian el paternalismo que subyace a esta visión del amor; creen que existe un espectro de posibilidades, desde la monogamia rigurosa hasta la promiscuidad extrema, que cada uno encajamos en una y que no hay una más natural o verdadera que el resto. Un fármaco que potenciara la monogamia sería un atentado a la diversidad humana, iría en contra de lo que para muchos es real e incluso bueno. Tampoco sería admisible lo opuesto: considerar que la monogamia es cosa del pasado y que, al igual que nuestros parientes los bonobos, debemos tener tantas parejas sexuales como nos sea posible, eso que ahora llaman poliamor. En un mundo que apueste por la diversidad, nadie debería imponer a otro su visión particular del mundo.

El «problema» radica en la enorme diversidad de los seres humanos. Lo que para unos es saludable, para otros es patológico; el grado de amor que según una persona es el paraíso, según otra es excesivo o insuficiente. Alterar las sensaciones amorosas mediante fármacos no es tarea fácil. Los riesgos de incurrir en el abuso, la adicción o el daño son altos. Por otro lado, los «moduladores del amor» pueden hacer que nos comportemos en contra de nuestra forma de ser, en vez de potenciar nuestra singularidad y autonomía. Además, cada época tiene una perspectiva diferente. El amor homosexual, por ejemplo, no se ha aceptado hasta hace muy poco, y únicamente en algunos países. Con excepción de la violencia y el abuso, en una relación caben todos los matices del enorme caleidoscopio de gustos y deseos humanos.

La gestión de la relación de pareja

Las nuevas tecnologías pueden ayudarnos a tener mejores relaciones interpersonales. Las empresas utilizan *software* de Customer Relationship Management (CRM), que recaba datos de los clientes y hace un seguimiento de su satisfacción o del comportamiento de quienes preguntan por un determinado producto, con el fin de consolidar la base de su negocio y ampliarla. Imaginemos, salvando las distancias, que utilizáramos una tecnología parecida para gestionar las relaciones interpersonales.

Es lo que pensaron los creadores de aplicaciones como Ntwrk, UpHabit, Plum Contacts, Dex, Garden, Levitate, Monaru o Clay and Hippo, que importan la lista de contactos del teléfono o del ordenador y te piden que los etiquetes según el grado de proximidad: familia, amigos, compañeros de trabajo... A continuación hay que introducir las fechas más importantes (como los aniversarios) y señalar los intereses compartidos con cada persona, las actividades conjuntas, etc. Se trata de un gestor parecido a una agenda, que puede ayudar a evitar situaciones como la de un compañero de trabajo que a todas las colegas les decía «cariño» o «guapa»; cuando le reconvine sobre su actitud, me respondió: «Es que no me acuerdo de cómo se llaman».

El mundo actual se parece poco al de la generación de nuestros padres: viajamos mucho más lejos y mucho más rápido, y cambiamos mucho más de trabajo y de domicilio. Del mismo modo, hay mayor fluidez en las relaciones de pareja, cada vez más variadas y alejadas del concepto clásico. Todos estos cambios hacen que incorporemos a nuevos vecinos y nuevos amigos, y que corramos el riesgo de olvidar a otras personas que han sido importantes en otras etapas de nuestra vida. Perder a alguien valioso no solo es injusto, sino también un mal negocio. Las aplicaciones basadas en CRM garantizan mantener los contactos y que seamos mejores amigos y personas. Animan a recuperar los lazos afectivos y, también, a incorporar a nuestra vida a quienes acabamos de conocer.

Siendo críticos, el progreso a la hora de predecir la evolución de las relaciones, los marcadores sobre la base genética de la fidelidad y la manipulación farmacológica del amor harán que la formación de una pareja termine pareciéndose a la firma de una hipoteca. Es posible que desde nuestro teléfono móvil debamos adjuntar exámenes psicológicos, genéticos y médicos. Más aún, los avances sobre la actividad cerebral nos permitirán tener un verdadero detector de mentiras y saber lo que nuestra pareja piensa realmente. A lo mejor soy un romántico incorregible, pero creo que, a pesar de todas estas innovaciones, las relaciones amorosas nos seguirán sorprendiendo y que el amor, con una historia de milenios a sus espaldas, prevalecerá.

BIBLIOGRAFÍA

Ackerman, D. (1994), *A Natural History of Love*, Random House, Nueva York. [Trad. esp. de Susana Camps: *Una historia natural del amor*, Anagrama, Barcelona, 2000.]

Alderman, L. (2017), «Are Men With Beards More Desirable?», en *The New York Times*, 17 de mayo. https://www.nytimes.com/2017/05/17/well/family/are-men-with-beards-more-desirable.html

Alonso, J. R. (2018), *Historia del cerebro*, Guadalmazán, Córdoba.

Aron, A., y B. Fraley (2004), «The Effect of Shared Humorous Experience On Closeness in Initial Encounters», en Personal Relationships, vol. 11, núm. 1, pp. 61-78.

—, E. Melinat *et al.* (1997), «The Experimental Generation of Interpersonal Closeness: A Procedure and Some Preliminary Findings», en *Personality and Social Psychology Bulletin*, vol. 23, núm. 4, pp. 363-377. http://www.stafforini.com/txt/Aron %20et %20al %20- %20The %20experimental %20generation %20of %20interpersonal %20closeness.pdf

—, H. E. Fisher *et al.* (2005), «Reward, Motivation, and Emotion Systems Associated with Early-Stage Intense Romantic Love», en *Journal of Neurophysiology*, vol. 94, núm. 1, pp. 327-337.

Bruch, E. E., y M. E. J. Newman (2018), «Aspirational Pursuit of Mates in Online Dating Markets», en *Science Advances*, vol. 4, núm. 8, eaap9815.

Burns, J. M., y R. H. Swerdlow (2003), «Right Orbitofrontal Tumor With Pedophilia Symptom and Constructional Apraxia Sign», en *Archives of Neurology*, vol. 60, núm. 3, pp. 437-440.

Case, E. (2006), «Six Ways to Woo Your Lover», en *New Scientist*, vol. 190, núm. 2549, pp. 46-47.

Casro, G. (2014), «The Neuroscience of Love», blog de Emotion, Emotion, Brain, & Behavior Laboratory, Universidad Tufts (Medford, Massachusetts), 8 de diciembre. https://sites.tufts.edu/emotiononthebrain/2014/12/08/the-neuroscience-of-love/

Catron, M. L. (2015), «To Fall in Love With Anyone, Do This», en *The New York Times*, 9 de enero. http://www.nytimes.com/2015/01/11/fashion/modern-love-to-fall-in-love-with-anyone-do-this.html?_r=0 [Trad. esp.: «Cómo enamorarse de cualquier persona siguiendo estos pasos», en *op. cit.*, 10 de febrero. https://www.nytimes.com/2015/01/11/universal/es/como-enamorarse-de-cualquier-persona-siguiendo-estos-pasos.html]

Cave, H. (2013), «Zapping Your Brain Enhances Your Love of Classic Art», en *New Scientist*, 31 de octubre. https://www.newscientist.com/article/dn24500-zapping-your-brain-enhances-your-love-of-classic-art/#ixzz6W7rrBte6

Choi, C. (2002), «Brain Tumour Causes Uncontrollable Paedophilia», en *New Scientist*, 21 de octubre. https://www.newscientist.com/article/dn2943-brain-tumour-causes-uncontrollable-paedophilia/

De Silva, P., y A. Pernet (1992), «Pollution in "Metroland": An unusual paraphilia in a shy young man», en *Sexual & Marital Therapy*, vol. 7, núm. 3, pp. 301–306.

Dutton, D. G., y A. P. Aron (1974), «Some Evidence for Heightened Sexual Attraction Under Conditions of High Anxiety», en *Journal of Personality and Social Psychology*, vol. 30, núm. 4, pp. 510-517.

Engel, J. W., y M. Saracino (1986), «Love Preferences and Ideals: A Comparison of Homosexual, Bisexual, and Heterosexual Groups», en *Contemporary Family Theraphy*, núm. 8, pp. 241-250.

Fisher, H. E. (2004), *Why We Love: The Nature and Chemistry of Romantic Love*, Henry Holt, Nueva York. [Trad. esp. de Victoria E. Gordo del Rey: *¿Por qué amamos? Naturaleza y química del amor*, Taurus, Madrid, 2004.]

— (2016), *Anatomy of Love: A Natural History of Mating, Marriage, and Why We Stray*, W. W. Norton, Nueva York. [Trad. esp. de Alicia Plante: *Anatomía del amor: historia natural de la monogamia, el adulterio y el divorcio*, Anagrama, Barcelona, 1999.]

Fullwood, C., y A. Attrill-Smith (2018), «Up-Dating: Ratings of Perceived Dating Success Are Better Online than Offline», en *Cyberpsychology, Behavior, and Social Networking*, vol. 21, núm. 1, pp. 11-15.

Gable, S. L., G. C, Gonzaga y A. Strachman (2006), «Will you be there for me when things go right? Supportive responses to positive event disclosures», en *Journal of Personality and Social Psychology*, vol. 91, núm. 5, pp. 904-917.

Gignac, G. E., J. Darbyshire y M. Ooi (2018), «Some people are attracted sexually to intelligence: A psychometric evaluation of sapiosexuality», en *Intelligence*, vol. 66, pp. 98-111.

Herper, M. (2011), «No, You Don't Love Your iPhone in That Way», en *Forbes*, 2 de octubre. https://www.forbes.

com/sites/matthewherper/2011/10/02/no-you-dont-love-your-iphone-in-that-way/

Horstman, J. (2012), *The Scientific American Book of Love, Sex, and the Brain: The Neuroscience of How, When, Why and Who We Love*, John Wiley & Sons, San Francisco.

Jordan, H. W., E. W. Lockert *et al.* (2006), «Erotomania Revisited: Thirty-Four Years Later», en *Journal of the National Medical Association*, vol. 98, núm. 5, pp. 787-793.

Khan, G. (2018), «Peer Inside Japan's Secretive Love Hotels», en *National Geographic*, 31 de enero. https://www.nationalgeographic.com/travel/destinations/asia/japan/love-hotel-photos-shibuya-tokyo/

Lawton, G., y J. Webb (2017), *How to Be Human: The Ultimate Guide to Your Amazing Existence*, John Murray, Londres.

Lindstrom, M. (2011), «You Love Your iPhone. Literally», en *The New York Times*, 30 de septiembre. https://www.nytimes.com/2011/10/01/opinion/you-love-your-iphone-literally.html

Little, A. C., B. C. Jones y L. M. DeBruine (2011), «Facial Attractiveness: Evolutionary Based Research», en *Philosophical Transactions of the Royal Society B: Biological Sciences*, vol. 366, núm. 1571, pp. 1638-1659.

May, J. L., y P.A. Hamilton (1980), «Effects of Musically Evoked Affect On Women's Interpersonal Attraction Toward and Perceptual Judgments of Physical Attractiveness of Men», en *Motiv Emot*, núm. 4, pp. 217-228.

Nuwer, R. (2015), «The Science of Online Dating», en *The New York Times*, 16 de febrero. https://www.nytimes.com/2015/02/17/science/the-science-of-finding-romance-online.html

Palmer, J. D., J. R. Udry y N. M. Morris (1982), «Diurnal and Weekly, But No Rhythms in Human Copulation», en *Human Biology*, vol. 54, núm. 1, pp. 111-121.

Pansu, P., y M. Dubois (2002), «The Effects of Face Attractiveness on Pre-selective Recruitment», en *Swiss Journal of
Psychology*, vol. 61, núm. 1, pp. 15-20.

Parker-Pope, T. (2010), «The Science of a Happy Marriage»,
en *The New York Times*, 10 de mayo. https://well.blogs.
nytimes.com/2010/05/10/tracking-the-science-of-com-
mitment/

— (2019), «The 7-Day Love Challenge», en *The New York
Times*. https://www.nytimes.com/programs/love-challen-
ge

Refinetti, R. (2005), «Time for Sex: Nycthemeral Distribution
of Human Sexual Behavior», en *Journal of Circadian
Rhythms*, vol. 3, núm. 1, p. 4.

Smith, E. E. (2014), «Masters of Love», en *The Atlantic*, 12
de junio. https://www.theatlantic.com/health/archi-
ve/2014/06/happily-ever-after/372573/

Tallis, F. (2005), *Love Sick: Love as a Mental Illness*, Thunder's
Mouth Press, Nueva York.

Thornhill, R., y S. W. Gangestad (1993), «Human Facial
Beauty: Averageness, Symmetry, and Parasite Resistance»,
en *Human Nature*, vol. 4, núm. 3, pp. 237-269.

Vitelli, R. (2012), «What Is Erotomania?», en *Providentia: A
Biased Look at Psychology in the World*. http://drvitelli.
typepad.com/providentia/2012/03/loving-too-much.
html %20

Zeki, S. (2007), «The Neurobiology of Love», en *FEBS Let-
ters*, vol. 581, núm. 14, pp. 2575-2579.